JN098132

行政訴訟と要件事実

法科大学院要件事実教育研究所報第20号

田村伸子 [編]

日本評論社

はしがき

　法科大学院要件事実教育研究所は、2021年11月27日に「行政訴訟と要件事実・講演会」を開催しました。本書は、同講演会のための講演レジュメ、コメントなどとともに講演会当日における講演・コメント・質疑応答などのすべてを収録したものであります。

　昨年度に引き続き、新型コロナウイルスの感染拡大の影響を受け、本年度もオンラインで開催をいたしました。

　法科大学院要件事実教育研究所は、本講演会を開催するに当たって各方面にお出しした案内状において、本講演会開催の趣旨を次のように述べています。

　「要件事実論における重要な課題として、裁判における主張立証責任対象事実の決定基準をどう考えるべきかの問題があります。この主張立証責任対象事実の決定のための最終的基準は立証の公平（立証責任の負担の公平と同じ意味です）に適うことであると考えられます。

　しかし、この「立証の公平」というものの具体的内容については、すべての法的価値判断がそうであるとはいえ、多様な意見がありうるところであります。

　特に、今回のテーマである行政訴訟の分野においては、法的手段や訴訟類型が分岐しており、訴訟において問題となる側面も様々です。本案勝訴要件については行政事件訴訟法で類型ごとに異なっているのみならず、処分要件についても処分の根拠法令等で個別に定められています。要件事実論の視点からいうと、行政訴訟において問題となる要件の多くは、羈束処分ではなく裁量処分に関するものであり、その要件の中に評価を含むものであって、原告と公権力の主体とが、それぞれに、どのような評価根拠事実・評価障害事実について主張立証責任を負い、その総合的判断をどのようにするかという問題があり、その適正な判断については非常な困難を伴うように思われます。

　そこで、本年度は、「行政訴訟と要件事実」というテーマで講演会を開催す

ることといたしました。」

　以上のような趣旨のもとに、行政法の分野において優れた業績を挙げておられる研究者・実務家の各位を講師・コメンテーターとしてお迎えし、上記のように、「行政訴訟と要件事実」というテーマで講演会を開催した次第であります。

　本年度の講演会は、特に多くの弁護士の先生方から聴講のお申し込みがあり、行政訴訟における弁護士をはじめとする実務家諸氏の日ごろのご苦労が窺えると同時に、興味関心が非常に高い分野であることが明確になりました。

　実際に講演会を開催してみますと、行政法の分野における実に多種多様な実体法の規定、訴訟類型の多様性などから、行政法における要件事実論総論構築の難しさ、行政法各論における要件事実論の議論の必要性を痛感する内容のご講演をいただきました。今後は、より一層、行政法各論における事実認定の困難性も踏まえた要件事実論の議論を深める必要性を痛感しました。

　本講演会の特徴は、講師・コメンテーター各位と聴講者各位が同一のフロアーにおいて、自由に質疑応答ができるところにもありましたが、聴講者各位も、関係分野における練達の研究者・実務家ばかりでありましたため、上記議論に積極的に参加され、そのため、本講演会がいっそう充実したものとなったと考えます。

　本講演会を通じて、行政訴訟の分野に止まらず、様々な分野における要件事実論（関連して事実認定論）についても多くの示唆や強い刺激が与えられました。今後の要件事実論（関連して事実認定論）の充実と発展に、本講演会が大きな役割を果たすことができたと存じます。

　本講演会が、このような形で結実することができたのは、ひとえに、多大のご尽力を賜った講師・コメンテーター・聴講者の皆様のお陰であり、この機会をお借りして、心から厚く御礼を申し上げます。

　要件事実論や事実認定論に関心を持ち、それを研究し又は実践しておられる皆様にとって、本書が非常に有益な一書として、広く読者各位にその意義が理解されて、活用されることを心から願っています。

　なお、巻末に山﨑敏彦教授及び永井洋士氏（長崎県立大学地域創造学部講師）

によって作成された「要件事実論・事実認定論関連文献　2021年版」も収録されています。重要な資料としてご参照いただければ幸いであります。

　本書が、このような形で世に出るに至るまでには、講師・コメンテーター・聴講者・執筆者の各先生のほかにも、一々お名前を挙げることはできないほど、実に様々な方々にご支援を頂きました。関係者の皆様には心より御礼を申し上げます。また、従来と同じく引き続き、日本評論社の中野芳明氏及び毛利千香志氏の一方ならぬお世話になりました。ここに記して、そうした皆様方に深い謝意を表する次第であります。

　　　　　　　　　2022年3月
　　　　　　　　　　法科大学院要件事実教育研究所長　　田村伸子

行政訴訟と要件事実——目次

講演レジュメ ──────────────────────────── 91

コメント ──────────────────────────────── 125

行政訴訟と要件事実・講演会

議事録

講演会次第

[日　　時]　2021年11月27日（土）　午後１時～午後５時30分

[実施方法]　Zoom 使用のオンライン開催

[主　　催]　法科大学院要件事実教育研究所

[次　　第]

1　開会の挨拶

　　　尹　龍澤（創価大学法科大学院教授）

2　本日の進行予定説明

　　　田村伸子（法科大学院要件事実教育研究所長・創価大学法科大学院教授）

3　講演１

　　　高木　光（京都大学名誉教授）

　　　「行政関係訴訟における要件事実論の意義」

4　講演２

　　　村上裕章（成城大学教授）

　　　「情報公開訴訟における要件事実と立証責任」

5　講演３

　　　河村　浩（東京高等裁判所判事）

　　　「行政法各論から要件事実総論（立証責任の分配基準）を考える」

6　コメント１

　　　岩橋健定（弁護士（第一東京弁護士会）・岩橋総合法律事務所）

7　コメント２

　　　山田　洋（獨協大学教授）

8　質疑応答

9　閉会の挨拶

　　　島田新一郎（創価大学法科大学院研究科長）

（総合司会：田村伸子）

参加者名簿

〈講師〉
河村　浩　　　東京高等裁判所判事
高木　光　　　京都大学名誉教授
村上　裕章　　成城大学教授

〈コメンテーター〉
岩橋　健定　　弁護士（第一東京弁護士会）
山田　洋　　　獨協大学教授

〈聴講者〉
野坂　佳生　　弁護士（福井弁護士会・日弁連行政問題対応センター）
湯川　二朗　　大阪学院大学教授・弁護士（京都弁護士会）

〈司会進行〉
田村　伸子　　法科大学院要件事実教育研究所長・創価大学法科大学院教授

　＊聴講者については、質疑をされた方のみ、その了解を得て氏名を掲載する。

行政訴訟と要件事実・講演会　議事録

　　田村伸子　定刻となりました。ただいまより「行政訴訟と要件事実・講演会」を開催いたします。はじめに尹龍澤創価大学法科大学院教授より挨拶があります。

　［開会の挨拶］

　　尹龍澤　講師の先生方、師走を迎えようとする、この時期に、創価大学要件事実教育研究所の講演をお引き受けいただき、心より感謝申し上げます。
　　私は、創価大学法科大学院で行政法を教えている尹龍澤です。昨年末、本研究所の田村所長から、次回は「行政訴訟と要件事実」というテーマで講演会を開催したいとの相談を受けました。行政法研究者の間でも、要件事実について正面から議論されたことはほとんどなく、いわんや行政法研究者の末席を汚しているだけの私には、これまでほとんど考えたこともないものでしたので、テーマを考え直したらどうかと申し上げたのですが、要件事実論の発展の可能性を全ての法分野で探ってみたいとして、このテーマでの開催を強く主張されました。
　　実は、私は数年前まで創価大学法科大学院の研究科長を務め、また、創価大学法科大学院の開設にあたって、本学の特色の一つとして要件事実についての研究所の設置が必要であると関係者を説得して回った一人でもありますので、もはやこれ以上、田村所長のご意見に反論することはできませんでした。
　　そこで、私には当日の講演会で要件事実について報告や討論をする能力のないことを正直にお伝えして、その代わりに、今回のテーマに最もふさわしい講師をご紹介するということでお許しをいただくことにしました。
　　報告者として真っ先に思い浮かんだ行政法研究者は、行政訴訟法研究の第一人者であり、また同世代の誼みで親しくさせていただいている高木光先生でした。もう一人の報告者については、畏友の山田洋先生とご相談して、村上裕章

先生にお願いし、山田先生には討論をご担当していただくことにしました。

　また、実務の分野からは、これまでも当研究所の講演会で報告していただき、この夏には、『行政事件における要件事実と訴訟実務』という行政事件に対象を絞った本邦初の体系書を出版された、東京高等裁判所裁判官の河村浩先生にご報告をお願いし、そして、実務からの討論者として、高木先生から、行政法の研究者でもあり弁護士としても数多くの行政事件を扱っている岩橋健定先生をご紹介していただきました。

　このように多くの先生方のお力をお借りすることで、ここに、現在の日本の行政法学界および実務界において望みうる最高の報告者と討論者を得ることができたのではないかと自負しております。また、今日は、ご多忙のところ、交告尚史先生をはじめ、行政法学界の御高名な先生方、法曹界の先生方が、多数ご参加くださいました。この場をお借りして、今一度、講師の先生方とご参加いただいた皆様方に心よりの感謝を申し上げます。

　今日の講演会が皆様のご協力によって有意義なものとなり、要件事実の研究および行政法学の研究に新しいページが開かれる契機になることを願って、私の挨拶とさせていただきます。

　田村　尹先生、ありがとうございました。改めまして、本日の司会を務めさせていただきます法科大学院要件事実教育研究所長の田村伸子と申します。よろしくお願いいたします。

　講師・コメンテーターの先生方は本日お引き受けくださいまして本当にありがとうございました。心より感謝申し上げます。聴講の先生方も本日は参加いただきましてありがとうございます。本日は当研究所の過去の研究会等でお世話になった先生方のお名前も見えており、大変懐かしい気持ちで拝見している次第でございます。本日は何とぞよろしくお願いいたします。

　私の方からは、本日の進行予定と注意事項につきまして若干簡潔に話をさせていただきます。事前に配付させていただいたものとしては、講師の先生方のレジュメと進行予定があるかと思います。

　まず、事前にお送りした進行予定を確認いただければと思います。ここに記載された順序で行ってまいります。講師の先生方におかれましては、コメント

を聞いて何らかのリプライをしたいということがおありかもしれないと思います。質疑応答に入る前に、長くても10分程度で、コメントに対するリプライのお時間をとりたいと思っております。

　その後、質疑応答に入ります。質疑が長くなければ、17時25分には研究科長の挨拶をいただいて閉会ということになりますが、質疑があれば18時までは時間をとっておりますので、活発にしていただけたらと思います。質疑応答の時間に質問がある場合には、ご所属とどなたに聞きたいかということをおっしゃっていただきたいと思います。

　本日は Zoom でのオンライン開催ということで、ご聴講の先生方におかれましては、音声マイクはミュートにしてくださいますようお願いいたします。質疑をされる場合には各自でミュートを外してください。ビデオのオン・オフにつきましては講師・コメンテーターの先生方の方で聴講される方のお顔が見えた方が、反応が分かって話しやすいということもあるかもしれません。可能な方はオンにしていただければと思います。ネットの環境も様々あるかと思いますので、基本的には皆様にお任せしたいと思っております。

　またホストの側のインターネットの不具合や、Zoom が途中で落ちるなどのトラブルがあるかもしれません。その際は一度ご退出いただき、2、3分後に再度同一の URL から Zoom に入ってくださればと思います。

　お話なさる講師・コメンテーターの先生方のご紹介については、先ほど尹先生からも少しございましたし、皆様改めてご紹介する必要もないほどご高名な先生方ばかりですので、本日の講演会のテーマとの関係で、それぞれのお話の冒頭に先生方のバックグラウンドをお話をしていただいた方がより適切かと思いますので、そのようにお願いできればと思います。私の方からは簡単ではございますが、以上で終わりたいと思います。

　それでは、進行予定に従いまして、まず最初に高木光先生から講演をお願いしたいと思います。高木先生、どうぞよろしくお願いいたします。

　　＊講演レジュメは参加者にそれぞれ配付され、それらを参照しながら講演が行われている。本書91頁以下を参照されたい。

[講演1]
行政関係訴訟における要件事実論の意義

高木光　はい。ご紹介いただきました高木でございます。

1　はじめに

　それでは本日の報告ですけれども、その目的は行政法研究者の立場から行政関係訴訟における要件事実論の意義について若干の考察を加えることであります。

　私は研究者としては、長年にわたって行政訴訟という領域を第1の関心領域としてきております。また、できる限り判例との対話というものを心がけてきたつもりでおりますが、本日のテーマであります行政訴訟における訴訟物、あるいは立証責任というものにはあまり関心を持ってこなかったというのが正直なところであります。実はといいますか、もっと正直に申しますと、あまり自信がない領域であったということでございます。

　2015年に概説書を初めて出したのですけれども、そこでは取消訴訟の訴訟物論については、次のようにコメントしております。「何のための議論か必ずしも明確でないこともあり、さしあたりは深入りしない方が無難であろう。」と。これは読者に対して言っている建前をとっておりますが、実は自分に対して言っているわけで、ここで書くと間違いをするかもしれない、こういう恐怖心があったというのが正直なところでございます。形式に関していうと、この概説書は学部講義8単位分を1冊でということですので、通常の概説書を2冊書くのに対してスペースに限りがある、これが公式の説明でございます。

　この立証責任の話につきましては、藤田宙靖教授の教科書では次のように書かれております。「現行の行政事件訴訟法の下では、例えば先に見たように、当事者の提出する証拠のみでは心証形成に不十分であると思われるとき、裁判官には職権証拠調べが許されるのであるから、民事訴訟」、これは通常の民事訴訟をイメージされておりますが、「民事訴訟の場合に比して、立証責任の所在の問題が決め手になる、という場面は本来少ないのである。」という指摘がございます。

8

それから西川裁判官が編著されましたリーガルプログレッシブでは、石田裁判官が次のように書かれております。「行政訴訟実務において、立証責任が本来的な意味で機能することはほとんどないといって差し支えない。」という記述がございます。

私はこういう記述を参考にして、自分で書くときには、ここは簡単にスルーしていいのではないかというふうに思ったわけですが、本日のちに村上教授が報告されますように、情報公開訴訟では必ずしもそうじゃないという指摘がございますので、後に検討していただければというふうに思います。

さて、戻りますけれども、本日、ではなぜ第1報告を引き受けたのかということなのですが、これは先ほど紹介にもありましたように、まずは尹先生の長年のご厚誼に報いるため、ということでございます。

そうはいいましても、ほぼ一年前にお声がけいただきましたので、この一年間ある程度は勉強したということがございます。ただ、いずれにしてもにわか勉強でございますので、今日の内容につきましてはいろんな点で間違いもあるかと思います。不十分な検討に基づく感想にすぎないということをあらかじめお断りしたいというふうに思います。

さて、中身でございますが、本報告を大きく2つの部分に分けたいというふうに考えております。最初は、私は一応理論家ということになっておりますので、行政関係訴訟における実体法という概念について、理論的な観点からコメントしたいというふうに考えます。

行政関係訴訟における実体法という言葉に接するときに、私のような世代の研究者には小早川光郎教授の初期の論稿、「国家学会雑誌」に掲載されました「取消訴訟における実体法の観念」という論稿が想起されるところであるというふうに思います。この中身につきましては、いろんなのちの研究もあるわけですけれども、本日の報告との関係では、この小早川理論が紹介したものによりますと、「取消訴訟の背後に、結果除去請求権という実体法上の権利あるいは請求権を観念する」、そういうドイツの学説というものがあるということでございます。こういうものが頭をよぎるというのが我々の世代ということになります。

そこで、さっきの議論を見ておりますとどうなるのかということなのですが、

戦後ドイツ行政訴訟観の基本としては、ある時期は行政訴訟と民事訴訟の同質性というものが強調される。そして、実体権というものの背景になりますが、それはドイツ特有の公権論、あるいはその発展形態としての基本権論というものがあるわけですので、そこで我が国においてもそれと同じような理論を継受した理論として認めるのかどうか、そういうことが問題となるのではないか、そういうことを考えるわけでございます。それが第1の部分、前半部分についてコメントしたいということでございます。

　それから、後半部分、第2部につきましては、理論と実務の架橋という観点から見ましたときに、行政関係訴訟における要件事実論の成果と課題がどういうものかということについての私の感想を、にわか勉強から得られた印象というものを申し述べたいというふうに思います。

　結論的には、一つは実務の側から理論への寄与という方向では、これはおそらく、要件事実論のこれまでの最大の成果というのは、評価的要件の発見によって違法性論、あるいは裁量論が飛躍的に進歩したことではないかというふうに感じているわけでございます。

　それから、逆の面なのですが、私が意見書を依頼されて作業することで感じているところですけれども、行政関係訴訟の最前線である地方裁判所レベルでは、所によっては規範、事実、証拠、そういう構造化に沿った形で訴訟指揮なり争点整理がなされているかというと、そういう構造化が不十分となりがちだという課題が残っているのではないか、と感じたところでございます。そこで、そういうことがあるとしますと、理論の側から実務への寄与という方向では、これは要件事実論を受け止める場合には、規範の構造化あるいは分節化というものによって、審理の迷走を防止するということが理論側には求められるのではないかということでございます。この2つの部分についてこれから敷衍していきたいというふうに考えます。

　以下、レジュメに沿って、肉付けをするという形で、説明を加えていきたいと思いますのでご参照いただければと思います。

2 行政関係訴訟における「実体法」の概念

(1) 行政訴訟における「実体法」の観念

レジュメの2（本書93頁）、前半部分ですが、行政関係訴訟における「実体法」の概念というものについて、(1)(2) 2つに分けて、ご説明申し上げたいと思います。

まず、行政訴訟における「実体法」の観念で、概念がどういうものであるか、ということでございます。河村浩裁判官によりますと、「裁判規範としての民法説」（伊藤滋夫）というものは、事実認定の視点を実体法の解釈に取り込んだものであり、これを抗告訴訟に適用したのが「侵害処分・授益処分説」であるということでございます。

先ほど、既に申しましたように、私の理解によりますと、ドイツの民事法学の基本構造というのは3つの要素を前提としております。実体法と訴訟法を峻別する、権利既存の観念ということがあるかと思います。それから、訴訟類型については、給付、確認、形成という3類型があって、とりわけ給付訴訟がメイン・典型となっていると。それから、私的自治あるいは当事者対等の理念というものがあるということになります。民事訴訟につきましては、当事者主義というもの、その中に処分権主義と弁論主義がある、そういう整理が示されていたというふうに理解しております。ただ、私の民事訴訟法の理解というのは、学生時代に、まさににわか勉強をして、そしてその後かなりブランクがあるということがございます。

実は私は、もともとは親がうるさくて、「関東大震災が再来するので大学4年終わったらすぐ帰ってこい。」というふうに言われていまして、大阪に帰って弁護士をする、そういうライフプランであったわけでございます。司法試験を受けるということをしたわけですが、当時は選択科目という形で民訴か刑訴かどちらか選びなさいと、もう一つ何か科目を、法律科目を選んで、そして教養科目がある、そういう時代でありました。私は、最初は労弁を目指していたので、石川吉右衛門先生の労働法のゼミに確か入ったと記憶するのですが、そこで、吉右衛門先生のお話を聞いてちょっとこれは大変かなと思ったので、もう少しイデオロギーから中立的な行政法ならいいのではないかと思って塩野ゼミに入った。これが、たぶん私が今ここにいる、人生を誤った最大の原因では

なかったかと思うのです。そこで、民訴・行政・社会政策と、そういう妙な取り合わせで司法試験を受けるということをいたしました。民訴法の方は非常に難しい、なかなか初学者には大変なわけですが、記憶によれば、講義は青山先生の最初の講義を聴き、分からないことが多い。「既判力というものはなんと頼りないものか」というコメントだけを聞いて、よく分からないと思い、たまたま、伊東乾教授の『弁論主義』という本が学陽書房から出版されたのを読んで、開眼したつもりになった、そういうことがございます。ですが、もちろん充分な理解をできていなかったわけですね。今回一年間の間に、もう一度勉強しなくちゃいけないと思って、Amazon の古本屋で買って読んでみたのですが、当時の印象と全く違うということがございました。世の中いろいろ誤解と偏見によって進歩するということがあるかと思いますが、今日、私がここで講演をしている、ひいては当時の幻想は意味があったのかもしれないと思います。

　さて、ここで戻りますと、ドイツの民事法学の基本構造は民事の実体法があってそれに乗っかって訴訟法があると、そこで要件事実的な立証責任の考え方が乗っかっているとしますと、それを行政訴訟にも適用するということがどういう意味を持つのかということが、理論上問題になるのではないかと考えるわけであります。先ほど申しました戦後のドイツにおいては、行政訴訟と民事訴訟の同質性を強調する、そして行政訴訟の背後に私人の国・公共団体に対する実体法上の請求権を想定する、そういう傾向が一方で認められる。もちろん、それに対して別の考え方もあるわけですが、この場合ですね、取消訴訟というのは訴訟技術的には形成訴訟となっているのだけれども、その実体は給付訴訟であるというような説明があると。取消訴訟の背後には、実体法上の権利が侵害された場合に発生する結果除去請求権が観念できるという説明が一方で有力であったと。この辺りですね、そのメンガーという学者の理論というのは、二面性を持っておりまして、給付訴訟的な説明が一つあるわけですが、もう一つの側面は、日本でいうと行政庁の第一次的判断権というふうな考え方がありまして、民事訴訟とは違う訴訟として取消訴訟を説明するというものも同時に設けてあるということでございます。雄川一郎先生の行政訴訟の本はメンガー理論の影響をかなり受けているのではないかということをかつて分析したことがございます。

　さて、どうなるかですね、この行政訴訟が民事の給付訴訟と同じようなモデルで説明できるということがどこまで貫けるかということなのですが、我が国の状況を見ておきますと、そもそも行政事件訴訟法というのは抗告訴訟と当事者訴訟の区別というものを前提として立法されたと、そこでは、メンガーのある一面である、民事訴訟とはちょっと違ったという側面を受け継いだ雄川理論的なものが反映されているのではないかということがございます。

　この行政事件訴訟法が採用している仕組みというのは、行政訴訟と民事訴訟の異質性を指摘する形を継受した、そういうふうに説明できるわけで、そうだとすると、民事訴訟と同質なのだという形で説明するものには限界があるかもしれないということになりかねない。そういう目で見ますと、例えば、平成16年に行訴法が改正されて義務付け訴訟・差止訴訟が導入されたこと、これをどう説明するかということなのですが、この行政訴訟制度改革を経たのち、この義務付け訴訟・差止訴訟の性質について、形成訴訟説というのがあってとりわけ実務家の間ではもう当然とされているということがございます。ですから、異質性を指摘する立場というのは行政事件訴訟法にある程度実定化されて、そして、それが改正後も続いている、こういうことがあります。そういうものと、今回の裁判規範としての民法説あるいは侵害処分・授益処分説というものとが上手くマッチするかということがちょっと気になると。仮に、同質性という理論的立場を不可欠の前提としているのであるとすると、こういう問題が出てくるのではないかというわけです。そこで、この規制が不十分であるとして第三者が提起する取消訴訟、これも第三者の原告適格の典型例ということで、この研究会では、例えば原発訴訟が取り上げられたわけですが、原子炉設置許可処分というのは、周辺住民に対して侵害処分であるという、そういう分析が示されていたわけですが、それからもう少し進んで義務付け訴訟が導入されたとなると規制権限の行使を求める義務付け訴訟、こういうものも考えるわけですから、そういうものをどう説明するかという問題が出てまいります。そのときに、私の世代ですと思い出すのは原田尚彦先生が長年説いてこられた、行政訴訟の背後にはいくつかの実体権というものを想定しましょうと、侵害排除請求権と行政介入請求権ともう一つは給付受給請求権で、順番としては、侵害排除請求権と給付受給請求権と行政介入請求権と。最も古典的なのは、違法な侵害を排

除する侵害排除請求権でしたと、これが19世紀で来ている、福祉国家になると給付受給請求権というのが重要になる。さらに、規制が不十分な場合に第三者がより強い規制を求めて、行政介入請求権が現代的課題として出る。この時代とともに、実体権というものの比重が変わってくるという指摘を原田尚彦先生がなさっていたわけですが、これはドイツの公権論の発展と似ていると、当然当たり前と。原田先生もあの年代の多くの研究者・学者と同じように公法私法の区別は否定するという立場を採られるわけですが、読んでいる文献は公法私法二元論を前提としたドイツの文献である、そこでの公権論、そういうものを参考にしている。あるいは公権論の発展形態である基本権論を参考にしているというところはもう紛れもない事実だと。私は、その原田説というのは新しい公権論だというふうに見てきたわけですが、そういう目で見ますと今回の侵害授益二分というときに、こういう理論的な観点からするとその侵害という概念がもともと多義的であるということをどう組み込んで整理するか、そういう問題があるのではないかということを感じるわけであります。それが理論面ですね、理論的にちょっと気になったわけでございまして、本日報告させていただきたいというふうに思います。

(2) 「行政関係訴訟」と広義に捉える必要性

　それではレジュメの2の(2)（本書95頁）ですが、「行政関係訴訟」と広義に捉える必要性ということについてのコメントです。河村裁判官の最近のご著書では行政事件、行政訴訟というのは広義に捉える必要があるという指摘をされておられます。行政事件訴訟法の4つの類型の中の機関訴訟を除外した3つ、抗告訴訟・当事者訴訟・民衆訴訟というもの、それに加えて争点訴訟と、それから国家賠償法1条1項に基づく国家賠償請求訴訟を扱うことが実務における要件事実の分析にとって重要である、必要であるというふうに指摘されております。

　そこで研究者の立場から要件事実への寄与をなすというときには、このような広い意味の「行政関連訴訟」について意識を持つことが必要となると、どういう意識を持つかということなのですが、「実体法の法律要件に関する原則・例外構造や相補的な相関的構造といった規範構造を分析」する、そういうこと

が必要になるわけであります。

　それから、どういった形でどういう要件が出されれば効果が発生するか、そういう法律の解釈の基本に立ち返って、規範の構造をきちんと見ていく必要があると。実務は、レンガをきちんと詰む作業、そういうふうに言われますから、ロースクールの教育でも、基本はまずは条文を読んで、1に条文、そして足りないところはどういうふうに判例が言っているか、1に条文、2に判例と、3、4がなくて、5に理論。教科書読むよりはまず判例を読みなさい、こういう講義をしてきたわけですが、まさにそうだと。

　それから、まず地に足をつけてやらなくちゃいけないということになるのです。これもまさに反論の余地がない、そういうことなのですが、若干気になる点というのがあるのが、レジュメ4頁（本書95頁）の指摘でございます。

　広義に捉えました場合に気になるのは、民衆訴訟の特殊性ということであります。条文上どうなっているかということなのですが、行政事件訴訟法では、この民衆訴訟は、「国又は公共団体の機関の法規に適合しない行為」、違法な「行為の是正を求める訴訟」と定義されている。

　先ほどの説明で、私が民事訴訟法の講義を聞いた頃には、民事訴訟の目的論というのが、括弧付きですが（流行っている）と、熱くなっている人もいれば冷めた目で見ている人もいて、そういう状況であったというふうに確か記憶しますが、そのときに権利利益の救済と紛争の解決と法秩序の維持で、そのどこに重点を置くのかということによって、その訴訟観が異なってきて、そしてそれからいろんな、裁判官の役割とか、当事者の役割とか全部変わってくるとそういう議論が当時は流行っていたように記憶します。

　冷めている人はそんなことを言っても、という感じだったのですが、確かに先ほど紹介した原田尚彦先生はそういう目的論というものに着目されて、そして行政訴訟では法秩序の維持、法治行政の担保、そういうものが重要であるとこういうロジックを用いられたように記憶します。

　そこで、そういうものを受け継ぐとしますと民衆訴訟については、先ほどの民事訴訟と同質だからこうなるという議論がやはり難しいです。条文上は民衆訴訟というのは民事訴訟とは異質のもの、実体法上の請求権の実現のための訴訟ではないということになっている。そうするとですね、先ほどの規範を構造

化するというところでは、機関の行為の違法性についての裁判所の判断が的確になされるような配慮が必要になるのではないかと。違法性の主張立証についてどう扱うかということについてもそれぞれそういう民衆訴訟の制度趣旨に応じた分配が要請されることになるのではないかと感じられるわけであります。

　この点、先ほどの河村裁判官のご著書を見ますと、401頁の注の4というところで、こういう民衆訴訟に関してはそのスジを通す、それぞれの事件のスワリじゃなくて、そのスジを通すという面を強調するということがありうるのではないかと指摘がなされているわけでございます。共感いたします。

　この辺りで思い出しますのは違法性と過失をどう判断するかという議論がいろんな場面で出てまいります。この民衆訴訟の関係ですと、住民訴訟の4号請求というのがありまして、これはどういうわけかその実体法上の、民法に基づく損害賠償請求権というのを、まずイメージして、それを住民訴訟で実現するというような、そういうちょっとねじれた構成になっているものですから、そこをどう考えるかと。不法行為に基づく損害賠償請求権については、当然民法学の方で、違法性と過失の二元論の他に違法性一元論とか過失一元論、いろんなバリエーションがあるのでどれを取るべきか、ということが理論的には分かれるわけです。

　国家賠償の方については、違法性一元論的な傾向が判例上認められることはそうであって、宇賀克也教授は二元論で二段階審査を採られてきたわけですが最高裁の判事になられてどうされるのか、他人事ながら心配するわけですけどもね。

　その点、私はどっちかというとアンチですね。宇賀さんがいるなら私は別の一元論でいこうということで書いて、そして同じように安直に4号請求の方も違法性一元論的な傾向が判例に見られるのではないかということを書いたわけですが、どうもこれが誤りであったらしいと考えているところでございます。

　のちに時間があれば紹介しますけれども、4号請求の中でも少なくとも具体的な法令違反を問題視するようなものについては、その4号請求の枠内で違法性と過失の二段階審査をする方がその制度趣旨に合うのではないかというふうに考えるに至りました。

　できるかどうか分からないですが、教科書を改訂するときには初版は間違っ

ていたので改めると、こういうコメントを付けたいということを考えております。あんまり余計な話をすると進まないので次にまいりたいと思います。

3　要件事実論の成果と課題
(1)　評価的要件の「発見」

それではレジュメの3（本書96頁）ですけれども、要件事実論の成果と課題です。

まず、成果の面は(1)ということで、先ほども既に申しましたように、実務の側からの理論への寄与という方向ではこれまでの最大の成果というのは評価的要件というものの「発見」によって違法性論ないし裁量論が飛躍的に深化したことではないかというふうに考えるわけであります。

ただ、この評価的要件というのが一体何者なのかというのは、もう少し行政法の側でも考える必要があろうかと思います。裁量論の長い歴史の中で不確定法概念、これは曖昧な概念であっても裁判所がその中身を一元的に決めうるのだと、そういう古い議論があって、それがどうなるかが裁量論のアポリアの一つであるわけですが、そこをもう一度きちんと整理してくださる若い研究者がいればありがたいというふうに考えているところでございます。

評価的要件の関係につきましては、本研究所の講演会でも報告されました巽さんが一連の論稿を明らかにされているところであります。今回初めて、恥ずかしいのですが抜刷はずっと送っていただいていたのですが、在職中は諸事に紛れて読んでおりませんでした。が、読んでみますと、こういう論稿が出てきたということを、ロースクール創設からの苦労を経験した者の一人として素直に喜びたいと思います。あとはよろしくと思うわけでございまして、もう、ちょっと私などには難しすぎて無理だったけど、なんかすごいらしいということでございます。

さて、ここで最近筆者が、私が意見書の依頼を受けて訴訟資料を瞥見した3つの事例を簡単に紹介させていただきたいというふうに思います。

事例の1ですけども、建設会社の業務停止事件というふうに仮に名前を付けさせていただきました。これは、実は消費者庁のホームページにいきますと、業者名も出ていて、どんな事例だったかも分かるということになっているわけ

でございます。特定商取引法というものに違反した訪問販売業者に対して業務停止命令6カ月、それと指示がなされたということでございます。業務停止6カ月、これ相当重いものでありまして、通常だともう廃業になる、そういったものでございます。この場合、その根拠になっている条文というものは、特定商取引法、これは法改正がありまして、旧法に基づく部分と新法に基づく部分があるわけです。どういうことが問題になったかといいますと、これは消費者庁の実務として、被害者が特定されないような形で、事例を明らかにして、お宅の業者がこういうこと、業者に対してあなたはこういうことやっているでしょうという形で言って、申し開きがあれば何とか書面出しなさいと弁明の機会を与えると。期限が過ぎますと処分をする、こういうことになっているわけです。その前にいろんなクレームがあって、聞き取りをしているプロセスがあるわけですけれども、最終的に処分についてはどうなるかということで、業者の側の言い分としては、そのような具体性特定性が欠けるような形で、不利益処分の原因となる事実の通知がなされたのであって、十分な防御はできなかったのだ、こういうふうに言うということでございます。

　そこで、鑑定を求められた事項というのは主に2つあります。1つは、行政手続法13条1項2号の弁明の機会の付与の際に通知されるべき「不利益処分の原因となる事実」（行政手続法30条2号）にはどの程度の具体性・特定性が必要なのかということでございます。

　私は、通常の不利益処分を念頭に置きまして、事実にどの程度の特定が必要かというのは根拠法令の趣旨によって異なるわけですが、名あて人の防御権の行使を円滑にする程度が要請される、違反行為を原因としてなされる処分の場合は、当該違反行為の時期、場所、態様などを具体的に示す必要がある。こういうふうにコンメンタールで書いております。ですから、いついつどこでどういうことをしたということを特定されないと防御のしようがないだろうと。こういうことになります。

　ところが、消費者庁の実務は、年月までは出すけれども日は明らかにしない。なるべく誰に対してか特定できないようにしようと、こういう消費者側の要請ということで、そういうふうにしているということがあります。

　そこで、もう1つは、先ほど述べました具体的に示す必要があるという一般

論を、行政庁の調査に協力した消費者のために個別事案の特定をさせるべきではない、そういう要請によって緩和することが許されるのかどうか、ということになります。

　消費者庁の側は当然緩和することが許されるという立場に立って、実務を運用しているわけですが、それはどうなのかと。で、その業者にとって重大な打撃を与える処分の場合には、その名あて人の防御権の行使を円滑にするという要請を犠牲にするということは許されないのではないかと。

　ですから、その消費者保護という要請は別の手段によって実現するということが必要ではないかと考えたわけであります。結論を支えるものとして、その条文構造はどうなっているのかということになるわけですが、特定商取引法8条1項は「主務大臣は……」、「役務提供業者が……第3条、第3条の2第2項若しくは第4条から第6条までの規定に違反し……た場合」（要件1）において「……役務の提供を受ける者の利益が著しく害されるおそれがあるとき」（要件2）というふうに定めております。

　ですから、まず違反した場合、その要件1が充足されることがまず必要になって、かつさらに、利益が著しく害されるおそれという要件の2が充足されることが処分の前提となる、という条文構造になっております。

　そこで、最初の違反したときという要件の充足につきましては、この条文を素直に読めば、個別具体的なそれぞれの契約において、ここで問題となった勧誘目的を明示しなかった、点検させてくださいと言って寄ってきました、そういうものであると思うのですね。あるいは不実のことを告げたと、屋根がこのままではもう大変なことになると言ったが実はそうでもなかった、そういうことがあったという、そういう当該事案の担当者が個別的具体的な違法行為を消費者に対してしたという過去の事実が想定されているのではないか。

　そこで、こういう要件1、違反したというところを見る限りでは、特定商取引法の業務停止命令、これは道路交通法とか建築士法などの多くの個別行政法規に基づくものと同様に、個別具体的な違反行為を原因としてなされる処分の一種と見るほかないのではないかというふうに考えるわけであります。

　ところが、消費者庁は、そうは言ってなくて、これは特殊なのだと。この特商法に基づく行政処分というのは、ある事業者が営業活動の過程で特商法の違

反行為を繰り返していることを示す根拠事実の一例として、過去のある特定の違反行為を「事実認定において斟酌した事例」として摘示するというわけですが、その違反事例を含めて営業活動の中で同様の違反行為を繰り返している事実が「命令の原因となる事実」なのであると、こういうふうに言っている。ですから、全体というのが事実ですね。ということで個々については極端にいうとあんまり問題ではないと、要するに全体の状況から見ていわゆる悪徳業者である、ということが分かれば処分をうてる、こういう考え方をとっている。

　これが良いのかどうかということなのですが、過去には似たような事例がありまして、東京地裁の平成26年11月21日の判決です。これは、判例地方自治という雑誌に載っていますから、ある程度裁判所も自信があると、そういうので出しているのでしょう。そうすると、この実務ですね、結果的にはOKだとされた事例が積み重なっていると。しかし、今回の今、某地方裁判所に係属中の事件について同じように言えるのかと。ですから、実体のないようなことで騙して、勧誘してお金を巻き上げるという商売もありますが、このような建築業の場合、実際の業務の結果が残るわけですから、少し事情が違うかもしれないです。そういう点もあります。ですから、裁判所が、地裁がどう判断するかというのは注目しておりますし、当然争うとなると高裁に行くということですね。

　その辺り、その手続的な違法性を要件事実の中でどうするかということも含めて、今日の講演会に適した事案ではないかというふうに考えております。以上が第1の事例であります。

　それから事例の2というのは、これは住民訴訟の4号請求というものが今地方裁判所に係属しているものでございます。こちらは、今かかった事件だけじゃなくて、いろんな地方で問題になります。各所では市町村庁舎の建て替えですね、そういう時期に来ているところが多くて、どの程度の規模でどれだけお金を使うかどうかについて住民、市長の考えも分かれるし、住民側も分かれるということでございます。

　この市では、いろいろ計画をして、そしてかなり立派なものを建てるという基本計画が公表されたわけですが、それに対して華美に過ぎる、もう少しコンパクトな市庁舎にすべきであるというような住民運動があったわけです。そして、その住民訴訟も提起されたわけですが、ほぼ時間切れということで、議会

によって補正予算が可決され、そして契約まで進むと。それで、工事の着工もされるというふうになったわけでございます。

ところが、その直後に、平成30年4月なのですが、市長選挙がありまして、その反対派からストップをかけようとしていた市長が勝利したわけであります。

そこで市長選挙で勝利して新市長もこれは民意による政策変更をするということで、その建設会社との請負契約を解除するということをしたわけであります。解除しますと、工事が止まると、そこで新しい計画を立てて、ということになるわけですが、その負けた旧市長というのはそれで収まらないということで、今度はリベンジをするということで、こちらが住民訴訟をするということになったわけであります。

どうなるかですが、公金の支出ということでいろんなところを細切れに捕まえられると思います。まずは、契約を解除しますと建築事務所に支払いました設計料などが全く無駄になると。それから、建設会社に対しても民法の規定に従って損害賠償が必要になるということで、出来高についてとかあるいは原状復旧、かなり着工して掘っていたわけですからそれを埋めたりするという、そういうことで払わなくちゃいけない。さらに、その建設会社については、逸失利益をどう考えるか、民法上の問題点もあるということになります。そのほかに、新しい建物がすぐにできなかったわけですから旧庁舎をしばらく使わなくてはいけないと。しかし、耐震基準を満たしてないわけですから耐震補強をクリアしなくちゃいけないだろうということで、またそれについてもそのお金がかかるということになります。

こういうものがどうなるのか、ともかく出て行ったお金とか新たに必要になった耐震補強のお金とか全て違法な公金支出になるとしますと、新市長は余計なことをしたから市に対して何億円という損害賠償義務を負っているはずだということになるというわけです。

現状どうなっているかといいますと、これは訴訟が延々と続いておりまして、そうこうしているうちに次の選挙が近々行われるということですね。今の市長は、前の人のように選挙の前に着工してしまえということはしない。選挙の結果を見てから、着工しましょうというスタンスをとっているということになっているわけであります。選挙によって民意が変わって工場誘致がなくなってど

うなったか、これは最高裁の有名な判決がありますし、あるいは他にも昔した
ことを知事が何か止めたと、そういうもので政治学的、社会学的に見ても面白
い事案になるわけですが、4号請求の場合にはどうなるのかということで、原
告側がどういうふうに主張を組み立てるか、それに対して被告側がどういうふ
うに防戦するかということで非常に厄介ということになります。

　とりあえず、私が資料を見た限りでは原告側はどういう主張をしているかと
いうことなのですが、まずは、そもそも請負契約の解除というのは勝手にやっ
てはいけない、解除が違法だからそれに続く「公金の支出」も違法となる、そ
ういう主張をするということです。もう一つは、今度は市長というのは地方自
治法138条の2に基づいて「誠実管理執行義務」を負っていると、これに反し
ているから違法なのだというふうに言うと。あるいは、請負契約を締結するに
あたっては議会の議決が必要であることになっているのにですね、「解除」に
ついては議会の議決が必要ないという解釈がおかしいのではないか、こういう
ふうに言うと。さらに、行政計画も実施段階に至った場合には、これは「事業
継続実施義務」というのが出てくるのではないかという主張をする。あるいは
昔の案の方が、今の案より優れている、どっちがトータルで良いのかというこ
とを考えるべきであると。こういういろんな主張を繰り広げるということにな
ります。

　受けて立つ側も、それに対していろいろ逐一反論しなくちゃいけないという
ことですが、どうなるか。まずは、民法ですね。民法の641条。これは自由に
解除できると書いてあるのですね。解除はどこも悪くないと、こういうふうに
まず言うということです。それから一番のポイントです。解除に伴う損害賠償
を支払っても、トータルでは市民の福祉により寄与するものだと。すなわち、
60年間で運用コストを踏まえると、現計画の方が150億円の優位性があると。
どういう計算なのかよく分からないのですが、そういうものが出てくる。さら
に、逸失利益については、建築工事紛争審査会の仲裁を経て、適正な額で和解
している。当初よりは安く抑えたのだということになる。それから、最後に市
長というのは、政策的な広い裁量があるのではないかと。こういうことを言っ
て、計画の見直しには逸脱濫用はないのだと。要するに、裁量というのを最後
の砦にしようという、こういう論の立て方がございます。

　これについては、先ほど説明しましたように審理は非常に積み重ねられているわけですが、現在の市長もすぐには強行しないというスタンスですから、裁判所もそんなに急いで判決することもないと思っている節があるということで、場合によっては判決に至らないで終わる事件かもしれません。

　理論的に整理すると、とりわけ要件事実、4号請求の要件事実が何であるかということになると思います。まず、民法に基づく損害賠償請求権の要件事実をまず、きちんと分けて言わなくてはいけないし、さらにいろんな、監査請求の前置、そういう手続的なものについてもきちんと組み立てなくてはいけないということになるわけですが、一番の難点はその財務会計行為として何を捉えるのかということで、古典的には違法性の承継論、先行行為があって、それが後行行為で承継されるのはどういう場合かという、そういう議論です。それからその後は1日校長事件の平成4年判決が言っていますように、そういう違法性の承継論というのではなくて、財務会計法規上の義務違反であるのかと、端的に当該職員が行った財務会計行為が財務会計法規上の義務に違反するか否かを問題にすればよいと。先ほどの西川裁判官が編著された『行政関係訴訟』では、そのような説明がなされています。財務会計法規上の義務違反ということで、そのときにその先行行為を見直すというところまで義務があるのかどうかという形で問題を立てるべきと。その辺りですね、どの行為を捕まえるかというときに、計画を見直す、予算をどう割り振るか、そういうところを組み替えるということがメインで、その結果として契約の解除がなされているというふうに捉えるのか、契約の解除というのをピンポイントに捉えて、それが自由にできるのかというふうに捉えればよいのかどうかということが問題になるかと思います。

　そして、一番厄介なのは、そのトータルでどっちが優れているかと、そういうふうな議論というのは、違法という、結局その抽象的な原理ですね、最小の経費で最大の効果をもたらさなくてはいけないというふうな地方財政法とか地方自治法の規定というものを援用して、それに反しているから違法だと。そういう主張が含まれているように思われる。

　本来は住民訴訟の場合には、具体的な法令違反を是正するという形で作られたはずなのです。今、行政訴訟の実務では、そういう抽象的な原理違反という

ものもやはり全く最初からは排除しない、一応入れるということになっているので、同じ違法といっても2つの種類があるのではないかということでございます。

　この辺り、どう整理するかということについては、私の調べた限りは文献上はないものですから悩ましいのですけれども、おそらく会社法上の取締役の責任に関する議論というのが参考になるのではないかということであります。会社法上の取締役の会社に対する損害賠償責任、利益相反取引規制に関する議論というものを見ておりますと、その対内関係と対外関係を区別すると。第三者の信頼保護をどういうふうにするかを考えているようだと。そして、会社法上の取締役については、当然これは民事ですから、その委任規定で善管注意義務というものに反しているという主張がなされるパターンがありますけども、これが先ほど紹介した抽象的な原理違反というのとおそらくパラレルになるだろうということです。現在、会社法の423条の責任というのは、平成17年の改正によりまして条文上は任務懈怠というものに整理されているわけですが、旧法の時代からの判断構造を実質的に変更するものではないと解されている。いわゆる二元説というのが、判例上も一般的になっているというふうに解説されております。具体的な法令違反の事例とそれから抽象的な善管注意義務の違反事例ですね、そこで責任の判断構造を別にすると。立証責任については別の扱いをするという考え方が一般的なようです。

　それとですね、住民訴訟の4号請求についても参考にすることが議論を整理する上で有効ではないかというふうに考えたわけであります。それが事例の2ということでございます。

　事例の3、最後のものですが、これは非常に厄介なものでございます。これは既に地裁判決が出ておりまして、現在高裁に係属しているということなのですが、初めて接した事案であります。これは私のロースクールの教え子が相談に来まして、公物法なんてやったことない、いろんな資料見ても全く分からない、そういうことなのですが、私の方は借地借家法とか、そういえば何か新しい法律ができたらしい、そういうレベルの話なのですが、この3カ月で何か出さなくちゃいけない、そういうことがあって、一審宛ての意見書を書いたのですが、もう全く無視されまして、完敗したということです。高裁でなんとかリ

ベンジしなくちゃいけないということで、また何か理屈を考えなくちゃいけな
い、こういうことなのですが、もともと非常に勝ち目が薄いという印象を持っ
た事案であります。

　どういうものかといいますと、ある県庁所在地に土地があり、県庁の本館の
土地と公道を1本隔てて一団の土地がありまして、そしてその広い方には、今
は更地になっているのですが、県庁の別館とかそういうものが建っている。あ
る一角に、そこそこ立派な土地なのですけどね、その土地に鉄筋コンクリート
造り地下1階地上4階と非常に頑丈な堅固な建物が建っていると。これは昭和
35年ですね、築60年ぐらいだから老朽化しているわけですが、まだまだ使える
余地があるということでございます。敷地は、明治期に県が所有権を取得し現
在に至っているということであります。どうなっているか経緯は非常に複雑で
ありまして、昭和6年に県が県の神職会と教育会に対して会館敷地として期間
30年で、無償で貸し付けをした。旧会館というのは木造で建てられたというこ
とになります。それで、戦後、県教職員組合が結成されまして、そしてこの組
合が会館全体の所有権を取得する。さらには法人格を取得することになったわ
けです。昭和33年に旧会館が火災により全焼いたしましたので、再建をすると。
この辺りは非常にややこしくなってくるわけでして、出だしは昭和34年に土地
について賃貸借、存続期間4年、地代年間5万円という借地契約が結ばれた。
これは訴訟の途中で、そういう古証文も出てきたようでございます。それで、
昭和35年に先ほどの堅固な建物が建設されたと。それが、たった4年の契約で、
なんでそんなものが建つのか、そういうところがあるわけです。それで、どう
なのかということになります。そして、その会館の管理というのは、財団法人、
教職員組合と校長会と教育会三者によって財団法人、民法上の公益財団法人が
設立されてそれが管理するようになったと。のちに公益法人改革法というのが
ありまして平成25年以降は一般財団法人という形になっております。が、この
一般財団法人の理事の過半数というのは教職員組合から選出される、実態は教
職員組合が仕切っている、こういうものでございます。

　問題は、昭和38年の地方自治法の改正というものがありまして、「行政財産
と普通財産の区別」の強化がなされたと。行政財産の使用については「使用許
可」によるべきだとして、そして許可を受けてする使用については、借地借家

法の適用が排除されると、こういう明文が置かれたということでございます。そして、改正附則というのがありまして、10条1項では「改正法の施行の際現に使用させている行政財産については許可により使用させているものとみなす。」とみなし許可という規定が置かれたということでございます。昭和38年、この改正以降の本件土地の使用関係といいますか、いろんな推移があるのですが、不明な点が多いまま、一審判決が下されております。

　まず、昭和38年以降、教職員組合から県への地代の支払いはされていない。それから、財団法人からも同様であると。ずっと無償で使っている、ということになります。飛びまして、昭和50年度から、行政財産の使用許可というのがされるようになったと。ただし、毎年なされていたわけではなくて、途中でなされていない年度もあるということになります。さらに、有償化、交渉を経て、昭和60年以降は使用料が支払われるようになったと。使用許可はおおむね1年ごとに申請に基づいて更新されてきたということでございます。

　ところが、ある時期に返してほしいということになるというわけでございますが、その前に、平成20年には耐震補強工事というのがなされたと。費用の大半は教職員組合からの寄付によって賄われた、こういうことがあるのですから、かなり古くなっているのだけれども、ある時期に耐震補強を認めるという決定を県はしているのですが、それをすぐ返してくれというつもりはその時にはなかったということが推測されるわけであります。ところが、平成27年になりまして、やはりその県庁の別館の敷地辺り一帯を、医療福祉拠点、そういうものを作って利活用するという方針が出てきて、やはりまとまった土地がないと大学とか教育機関を誘致できない、そういうことがあるということで交渉が始まったわけであります。それに対し、どう抵抗するかということで、普通では行政財産の使用許可をもらっているわけですから、それを更新しないのはけしからんという形で頑張るというのが正攻法なのですが、なぜかですね、本件土地は普通財産に該当する、だから借地権がある、そういう形で頑張ろうとしたところでございます。

　そして、最初資料を見た瞬間には弁護過誤じゃないかと思ったのですが、なにか意味があるのかもしれないと。そこで、どうなるかということで、条文に即して議論しましょうということで、県が持ち出した議論というのは、行政財

産については地方自治法に条文がありますということで、そしてよく見るとこ
ういうことが書いてあると。「行政財産とは、普通地方公共団体において公用
又は公共用に供し、又は供することと決定した財産をい」うというわけです。
ですから、公共用あるいは公用に供している、いわゆる理論上の公物が行政財
産であるのは当たり前、だけど、それだけではないと。将来公物になるものと
いうのも、これも行政財産だということです。

　本件土地はいずれ公用に供するつもりのものなのですね。だから、今は貸し
ているけど、将来は県庁の敷地として使うのですよ、だから行政財産でしょと。
だから、そういうものについて借地権が発生することはあり得ない、こういう
主張をするわけであります。

　返してほしいと言われた側はそうじゃないでしょうというわけです。堅固の
建物を建てさせているのだから、当然普通財産という前提だったのではないで
すかと言うのだけども、あなたは現に行政財産の使用許可を長年受けてきたで
しょうと、しかも安く使ってきたというわけです。こういうふうにどっちが正
しいか私には分かりません。

　もし住民訴訟で争われたら、どっちも申し訳が立たないようなものなのでな
いかという気もするわけですが、少なくともここでは両当事者、二者間で争っ
ていますから、借りている側の権利がどれぐらい強いものなのか、借地のよう
に強いのか、それとも使用貸借に似たものなのか、それともいつでも返してと
言えば、更地にして返すという弱い権利なのか、こういうことが問題になって
いるわけであります。問題ということで、いろんな資料を見ましたところ、両
者の主張はいろんなことがあってすっきりしないという印象を持ちました。事
実、資料を見ますと、ある時期に県が普通財産というふうにしていたことは確
からしいと。しかし、県がいうには、その時には区別があんまりよく分かって
いなかったから間違いだったと。昭和38年以降は行政財産で整理しましたと言
っていると。

　そして、昭和50年までの間はよく分からないし、その後も一体どういうつも
りで行政財産の使用許可をしていたのか、ということもはっきりしない。裁判
所も困るでしょう。もしも、私が裁判官だったら本当に困る。ちょっとこのま
までは判決を下せないと思うのですけれども、地裁は、両者の言い分を聞いた

ら、どちらかといえば県の言っていることに分があるとしたということでございます。

　そもそも、最初に県庁敷地として土地を取得したのだと、最初がそうだったら問題は多少あってもずっとそうでしょうと、こういう論法というのを使ったわけですが、ちょっとそれはさすがに無理があるのではないかと。もうそういう規範、いったん行政財産であれば疑わしきは行政財産ということになると、これはそれにあった事実認定をしなくてはいけないのではないかとなるわけですが、ある時期普通財産にしていましたとそれが全く間違いだったということは普通にはあり得ないでしょうと思うわけです。市町村ならともかく、都道府県だと総務部はだいたい国から来ている人がいるから、国有財産法は本来ちゃんと区別しているし、それに応じたような扱いを実務的にはやっていた。地方自治法の条文がなくても、県の規則とかでやっていたのであれば、それはないだろうと。ですから、行政財産になったとすれば昭和38年以降、そういう事実認定をして県を勝たせるということにならないとスワリが悪いのではないかということです。

　ですが、先ほど紹介しました弁論主義の原則ということでは、両当事者のどちらかが主張しない事実は考慮してはいけないということになりますから、県が県庁敷地として取得しました、ずっとそうですと言っていれば、それによって勝たせるか、負けさせるか二者択一ということになるのだろうか、こういう疑問を持ちます。

　ちょっと時間が押していますので、以上にいたします。

(2)　「審理の迷走」の防止
　そういうことで、事例を見ておりまして、やはり実務については改善の余地はあるのではないかと考えたわけでございます。

　結論ということで、研究者側の課題というのは、まず要件事実論というのがどういうものなのか理解をすることが先決でしょうと。私自身を振り返ってみても、どういうふうに苦労されているかということを理解する意欲、能力に欠けていたということでございます。実際に、ダンボールに詰められた資料を全部見て、ようやくこれは大変なのだということが分かったということでござい

ます。

　それから第2に行政関係訴訟については、実体法の細分化が指摘できるかと思います。個別行政法規は様々ですから、それぞれについて「要件―効果」がどうなっているかという構造理解それ自体から始めなければならないというわけですが、情報そのものが偏っている場合も少なくないと思うわけであります。

　そして、さらにちょっと言い過ぎかもしれませんが、最前線の地方裁判所では、「裁判所は法を知る」というその格言が疑問とされる事態もあるのではないかと。要件事実が何なのかということがはっきりしないまま、審理や、期日が積み重なるということがあるのではないかと。この点は巽さんが、既に憲法訴訟や環境訴訟について指摘されたところであろうかと思います。

　もしこういう推測が当たっているとしますと、要件事実論の最大の意義は、「審理の迷走」を防止するということで、研究者側としては規範の構造化、あるいは分節化というところでこれを果たすということが可能で、それがむしろ期待されているのではないかというふうに思うわけであります。

　事実確認、その膨大な資料の中には、相手方の主張に逐一反論するというのはあるわけですが、本当にその結論を出すために必要なのか、その本質に、本筋に無関係なそういう資料も多いとすればこれは資源の無駄ですね。限られた訴訟というところに無駄な労力をつぎ込むというのは当事者が苦労するだけですね。全く正義には役立たない、こういうことがあるわけですから、そういうのを防ぐための知恵を出すというのが理論家には求められるというふうに考えるわけであります。

4　おわりに

　最後でございますが、河村裁判官によりますと実務における行政法の三大アポリア（解決困難な課題）、原告適格、裁量処分、財務会計行為（住民訴訟）と言われることがあるかと思います。このうち原告適格、裁量処分については、これまでロースクールの学者が必ず教えてきたわけでありますが、財務会計行為はおそらくなかっただろうと。全く教える時間がなかったのですけどね。いずれも総論ではあると。ただ、けれども実務的には各論が重要だということで、「神は細部に宿る」というふうにありますように個別行政法規に即して制度趣

旨を考えるということが必要だと、いわゆるその「参照領域理論」的な発想が不可欠だということが言えるかと思います。

　こういう要請に応えるためには今後、理論をリスペクトする実務家、それから実務家の苦労を理解する研究者が協働するということが、期待されるというふうに思います。そういうことを期待して結びとしたいと思います。

　ちょっと時間が押して申し訳ございません。以上でございます。

　田村　高木先生、大変にありがとうございました。続きまして、村上裕章先生、よろしくお願い申し上げます。

[講演2]
情報公開訴訟における要件事実と立証責任

　村上裕章　村上でございます。よろしくお願いします。先ほどの高木先生にならって、私もまずいくつか先行自白をさせていただきます。私は、これまで行政訴訟や情報公開・個人情報保護等を中心に勉強してきましたが、今回のテーマの一つである立証責任につきましては、先ほど高木先生がおっしゃったのと同じ理由で、これまで十分研究してまいりませんでした。要件事実につきましても、私は高木先生と違いまして、そもそも司法試験も受かっておりませんし、これまでずっと法科大学院で教えてきたのでありますが、要件事実についてはほとんど勉強してまいりませんでした。もちろん要件事実が非常に重要だということは伺っておりましたが、少なくとも行政法の授業では要件事実をほぼ何も教えてまいりませんでした。

　したがいまして、私は今回このテーマについてお話しする資格がそもそもないのですが、せっかくの機会ですので、この際これまでの態度を反省して、勉強しようと思って、あえてお引き受けさせていただいた次第でございます。したがいまして、単なる話題提供程度のものになるかと思いますが、ご海容のほどお願いいたします。

　もう一つお断りなのですが、今回のレジュメに関しましては、それほど長いのはまずいだろうと考え、他の先生方のレジュメを見まして、8頁ぐらいまで

なら何とか許容範囲かなと思い、かなり無理やり押し込んだようなところがあります。非常に分かりにくいものになってしまい、大変申し訳ありませんでした。

以下報告に入りたいと思います。今回のテーマにつきましては、情報公開訴訟を素材として、行政訴訟における要件事実と立証責任を検討するものでございます。高木先生のご報告は非常にアカデミックな格調高いものだったのに対し、私は非常に細かい内容となってしまい、誠に申し訳ないのですが、先ほど高木先生から、神は細部に宿るというありがたい言葉をいただきましたので、細部にしばしお付き合いいただければと存じます。

報告につきましては、既にお配りしているレジュメに沿ってお話をいたします。皆様レジュメをお持ちだと思いますので、そちらをご覧ください。

はじめに

「はじめに」（本書100頁）のところです。情報公開訴訟とは何かですが、一応、情報公開制度による開示請求に係る訴訟と定義しておきたいと思います。ただこれにも取消訴訟、無効等確認訴訟、不作為の違法確認訴訟、義務付け訴訟、差止訴訟、国家賠償訴訟などいろいろ考えられますが、ここでは議論を単純化するために、基本的に不開示決定取消訴訟を念頭に置きたいと存じます。

もっとも、個人情報の本人開示請求に係る訴訟も基本的に同じような訴訟ですので、これも検討対象に含めたいと思っております。

Ⅰ　取消訴訟における立証責任（概要）

1　一般論

それではまずⅠの「取消訴訟における立証責任」（本書100頁）です。

ここでは、前提として、これまでの議論を要約しておきたいと思います。まず、取消訴訟における立証責任の一般論につきましては、先ほど高木先生のご報告の中にもありましたが、いくつかの学説がこれまで主張されております。まず公定力説は、行政行為には公定力があり、適法性が推定されるので、原告側に立証責任がある。法律要件分類説は、かつて通説とされていた法律要件分類説を取消訴訟に応用したもので、法令の文言形式を基準とする。それから3

番目が権利性質説で、これには侵害処分授益処分説とか権利制限・拡張区分説とか二分説とか憲法秩序帰納説など、様々な呼び方がありますが、国民の自由を制限し国民に義務を課す処分については被告、国民の権利・利益領域を拡張する処分は原告が責任を負う。4番目は個別具体説あるいは個別説というもので、当事者間の公平、事案の性質、事物に対する立証の難易により個別具体的に判断する。それから5番目が調査義務説あるいは調査義務反映説と言われているもので、被告が行政庁の調査義務の範囲内で立証責任を負うというものです。

この5つあるいはもう1つ法治国家説もありますが、この辺りが従来から主張されている主要な学説です。ただし、最近はこういった説を組み合わせる見解がむしろ多くなっており、河村先生は総合説と呼ばれております。中身については、そこに書いてある通り、様々なものがあります。

最高裁の判例は明確ではありませんが、下級審裁判例については、かつては法律要件分類説が多いと言われており、注の7（本書101頁）で引いている、『行政事件訴訟十年史』等ではそのように書かれております。しかし、最近の実務家の書かれた著作を見ますと、先ほどの権利性質説や総合説、特に権利性質説を中心に他を考慮するというのと、個別具体説を中心に他を考慮する、こういったものがむしろ多いと言えます。この点、注の10（本書101頁）をご覧いただくと、これは『条解行政事件訴訟法』の鶴岡稔彦裁判官が書かれている部分ですが、現在の裁判実務については、法律要件分類説に立っているというよりは、二分説または個別説的な発想をベースにしつつ他の要素も取り込んで判断していると理解するのが正しいと思うとされております。

以上の通り、学説は多岐に分かれているのですが、ご覧になると分かる通り、結局考慮要素はほぼ共通しており、結論的にはあまり違いがないとも思われます。

そうすると、結論は同じであるので、こういった議論の意味はどこにあるのかという疑問も生じてくるところですが、考え方の筋道も重要ではないかと思いますので、個人的には、議論に意味がないとは言えないと考えております。

2 裁量処分

次に2頁（本書101頁）の裁量処分についてです。一般的には、裁量処分については原告側に主張立証責任があると言われております。注の11（本書101頁）に書いておりますように、鶴岡裁判官は原告側に証明責任があるというのが判例の考え方であると書かれており、マクリーン事件や医師会設立不許可事件を挙げていらっしゃいます。

ただ、これらは必ずしもはっきりと立証責任について述べているわけでもないような気がします。もっとも、次に紹介します伊方原発訴訟では、やはり裁量処分については原告側に本来立証責任があると見ているようなので、判例は少なくともそういう立場に立っているようです。この点につきましては、本文に書いておりますように、学説ではいろいろと議論があるところですし、ここには書いておりませんが、最近もいろいろと議論があります。この点は後からまたお話をします。

3 事実上の推認

次に、3の事実上の推認（本書102頁）です。この点ももう皆様既にご承知と思うので、繰り返す必要はないかもしれませんが、伊方原発訴訟では、原告に立証責任があるとされております。ここで最高裁は、「右処分が前記のような性質を有することにかんがみると」と述べておりますが、おそらくこの前記の性質というのは、原発の設置許可については、当時の内閣総理大臣にいわゆる専門技術的裁量があると解されているようですので、そのことを指している、つまり裁量があるので、原告側に立証責任があるというのが、前半部分の趣旨と思われます。それから、しかし、ということで、原発の安全性について被告が資料を持っていることからすると、被告側として主張立証をする必要があって、それを尽くさないときは、不合理な点があることが事実上推認されるとして、いわゆる事実上の推認という手法を使って、事実上被告側に立証責任を転換している。この点もいろいろ議論があることは皆様もご存知だと思います。

以上は一般的な前提の確認でございます。

Ⅱ　情報公開訴訟における要件事実と立証責任

1　情報公開訴訟における要件事実

　ここからいよいよ本題に入りまして、「情報公開訴訟における要件事実と立証責任」（本書102頁）でございます。以下、判例を挙げておりますが、必ずしも網羅的ではないということを、あらかじめお断りしておきます。

　レジュメ飛びますけれども、6頁（本書108頁）のⅢの1のところを見てください。今回判例をどう調べたかなのですが、もちろん芋づる式でいろいろ調べたのですが、基本的には判例データベースで検索いたしました。具体的には、括弧に書いておりますが、結構安易ですけれども、「情報公開」と「立証」で検索をし、さらに「個人情報保護」と「立証」で検索をし、まず判例を絞りこんで、裁判所が立証責任についてどのように判断しているのかを見ていくという方法で調べております。検索しても、もちろん引っかからないものもあるので、それは見落としている可能性があります。

　その結果、結構多くの判例が出てきたのですが、中を見ると、全く関係ない事件でたまたま情報公開に関連したことが述べられているとか、あるいは一番多いのは、一応情報公開の事件なのだけれども、当事者、特に原告側が被告側が立証責任を果たしていないと主張しているにすぎない事件、こういうものが結構ありまして、一応確認をして、裁判所が立証責任について判断をしていると考えたのが、そこに書いてある件数です。私の方で調べる際に見落とし等があるかと思いますので、これはかなりラフなものであるということをお断りしておきます。

　そこで2頁（本書102頁）に戻っていただいて、まず情報公開訴訟における要件事実から見ておきたいと思います。これも様々なバリエーションがありますので、一概には言えませんが、議論を簡単にするために、ここでは行政機関の保有する情報の公開に関する法律をベースにして、しかも不開示決定の取消訴訟の要件事実に絞り込んでみたいと思います。さらにそこの括弧に書いておりますが、訴訟要件とか手続的瑕疵についてはここでは省略いたします。これらは特に情報公開訴訟に特有の問題とは必ずしも考えられませんので、これは除いて考えたいと思います。

　そうしますと、そこに書いてあるように、大きく2つの問題に分けられると

思います。まずAの方ですが、これは開示請求の対象となる行政文書が存在するということですね。Bはその存在する行政文書に不開示情報が含まれていないと。大きく分けると、この２点ではないかと思います。

　もう少し詳しく分けますと、まずAの行政文書の存在に関しては、いわゆる物理的存在と解釈上の存在、つまり、①その文書が実際に存在するか、行政機関が保有しているかという問題と、②その文書があるとして、それが行政文書に当たるかと、この２つの問題が含まれていると解されます。

　それからBの不開示情報も実は結構複雑なのですが、これは一応３つに分けて検討しております。まず、不開示決定の理由とされた情報が不開示情報に当たらないということで、ここでいう不開示情報、情報公開法でいいますと５条の１号から６号までの本文但書がある場合のその本文に当たらないというのが③で、その但書がある場合について④で不開示情報に当たるが例外事由に当たるというのが④ですね。さらに、不開示情報に当たるけれども例外事由に当たらない場合について、法７条によって裁量的開示をすべき、というのが⑤ですね。以上のように一応分けられるのではないかということであります。

　以上①から⑤まで細分化した上で、各要件の立証責任について考えていきます。

2　行政文書の存在の立証責任

　まず２の「行政文書の存在の立証責任」（本書103頁）です。物理的存在として文書があるかないか（先ほどの①）についてですが、次のページに行きまして、これは皆様ご存知の通り、最高裁の平成26年の沖縄返還密約訴訟で原告側に立証責任があると述べておりまして、一応これで判例上は決着がついたということになろうかと思います。

　なぜ、原告側が責任を負うかについては、そこの最初の引用部分で述べられておりまして、要するに、行政文書の存在が開示請求権の成立要件とされているということからすると、開示請求の対象とされた行政文書を行政機関が保有していないことを理由とする不開示決定の取消訴訟においては、その取消しを求める原告側が立証責任を負うと述べております。ここでは法律要件分類説的な説明がされております。ただし、推認の可能性を認めており、過去のある時

点で行政文書の存在が立証された場合は、一定の場合には不開示決定時点の存在が推認されるとして、いくつかの考慮要素を総合判断すべきとしております。

　というのが、この平成26年の判決であります。注の15（本書103頁）で、判例時報の匿名コメントがちょっと面白い解説なので、あえて長々と引用させていただきました。この匿名コメントはひょっとすると調査官の方が書かれたのかもしれませんが、法律要件分類説、権利性質説（二分説）、個別具体説のそれぞれについて、どうなるかを個別に検討されております。

　まず、法律要件分類説によれば、開示請求権の権利根拠規定に当たるから、原告に立証責任があるとしており、これは判決文と基本的に同じです。

　次に、権利性質説（二分説）に立ったらどうなるかというと、開示請求権が憲法によって直接認められるわけではなく、法律によって認められたにすぎないから、授益処分に当たり、原告側に立証責任があると説明されております。

　最後に、個別具体説に立った場合はどうかというと、一方で、文書の存在が前提とすると、原告側に行きそうだが、他方でこれは行政側の事情なので、そういうふうに考えると被告側にはなりそうである、しかし決め手に欠くと、こういうふうにコメントされております。

　というのが、まず行政文書の物理的存在に関する判例です。続きまして、「(2)行政文書該当性」（本書104頁）、いわゆる解釈上の存在（先ほどの②）ですが、この点については一般に被告説が主張されております。学説上も被告説が有力ですし、下級審裁判例もこれに立ったものがあります。これも説明はいろいろですが、行政機関に文書が存在するのであれば、基本的に行政文書に当たる、個人メモとかそういう場合は例外なので、そちらに当たるとする被告の側に立証責任があるということです。これも法律要件分類説的な説明のような気がいたします。以上が文書の存在に関する問題です。

3　不開示情報該当性の立証責任
　続いて3の不開示情報該当性の立証責任です。

　まず不開示情報該当性（先ほどの③）一般につきましては、4頁（本書104頁）に行きまして、平成6年の大阪府水道部懇談会費訴訟で被告説がとられたと解されております。

　ただ、この判決は、なぜ被告側にあるのかという理由を何も述べておりません。この点については、注の17（本書104頁）で、調査官の千葉勝美裁判官の説明を引用しております。最初のところでは、文書が非開示情報に該当することは、本件処分の適法性を基礎づける事項であり、非公開原則の例外に当たると述べており、この辺りは法律要件分類説的な説明ではないかと思います。

　その後で、事業の公正かつ適切な遂行に著しくおそれがあるというのは行政庁側の事情である、行政側としてはそういった事情は十分知っているだろうと述べており、これはどちらかというと個別具体説的な説明です。

　以上のように、この点も一応判例上は方が付いております。

　次に＊印の逆 FOIA 訴訟について（本書105頁5行目）です。逆 FOIA 訴訟というのは、ご存知の通り、情報公開決定を第三者が争う場合です。件数としてはさほど多くないのですが、そこそこある訴訟です。

　この点については、一般的に被告側にあると見るのが多数ではないかと思います。那覇市の有名な逆 FOIA 訴訟では、不開示事由に当たらないことは処分の適法性を基礎づける事項なので、被告側に立証責任があると述べられております。

　ただ、逆の結論をとるものもありまして、横浜地裁の判決では、要するに開示が原則なので、その例外を主張する原告側に立証責任があるとしており、この逆 FOIA 訴訟については、見解が分かれている状況かと思います。

　続きまして、不開示情報なのですけれども、情報公開法でいいますと、5条3号と4号、ここでは一応国家安全情報と公共安全情報と呼んでおりますが、この2つの不開示情報についてはやや特殊性があり、結構議論が多いので、次にこの問題について見ていきたいと思います。

　この3号と4号につきましては、裁量を認めた規定であると言われております。おそれがあると行政機関の長が認めるにつき相当の理由がある情報という、他の条項と違った規定の仕方をされていて、立案関係者によると、これは行政機関の長に裁量を認める趣旨であると説明されております。

　詳しくは注20（本書105頁）に私の書いたものを挙げておりますが、普通の教科書でも、だいたいそういう説明がされております。他方で、3号4号以外の不開示情報については一般に裁量が否定されていると解されています。

　この点は、注の19（本書105頁）をご覧いただくと、最高裁の平成23年の判決では、法５条２号イの法人等情報が問題だったのですが、この点について原審が裁量が認められると判断したのに対して、最高裁はこれを否定しているわけですね。ということで最高裁は、３号４号以外は裁量を認めないものと解されます。

　この点、かつて、大阪府知事交際費の最高裁の判決に関する調査官解説では、要件裁量が認められると述べられていたのですが、これは当時の大阪府条例の解釈です。情報公開法についてどうかというと、国家安全情報と公共安全情報に特に裁量を認める趣旨だとすると、逆にいえばその他の不開示情報については裁量を認めないという趣旨ではないかと解されます。したがって、他の条項については裁量が認められないが、３号４号については認められるということになるわけですね。

　そうすると、先ほどの一般論がこの３号４号にも当てはまるのかどうか、ここが問題となるわけです。最高裁は、私の知る限り、まだこの問題について明確な判断を示していないように思われます。この点が問題になった事案がないではないのですが、立証責任については明確に述べてないようです。

　下級審は非常に分かれております。まず原告に立証責任があるというのが多いと思われます。原告説というところに書いてある判例がそれに当たります。その理由としては、３号４号については裁量が認められるので、だから原告に立証責任がある、という理由が結構多いですね。ということで、これが数的にはたぶん一番多いと思います。

　続いて次の５頁（本書106頁４行目）に行きまして、被告側に立証責任があるとしているものも結構あります。その理由としては、いろいろと挙げられておりまして、３号４号に当たることが処分の適法性を基礎づける事項だから被告側だとか、あるいは情報公開制度では開示が原則なので、それは３号４号にも当てはまる、あるいは被告側にこの点の証拠があるので、被告が立証責任を負うと。こういったいろんな理由があるのですけれども、被告側に立証責任があるとしているものも結構あります。

　それから、何行か下に明示しないもの（本書106頁12行目）と書いておりますが、どちらに立証責任があるかをはっきり書いてないものも結構あります。

この点は下級審裁判例が非常に分かれていると言えます。その下に＊印（本書106頁下から9行目）がありまして、数的に見るとどうなるかを書いております。これはあくまでも参考程度で、そもそもデータベースに収録されていない判例もありますし、あるいは先ほど申し上げたように、私の調べ方にも不十分なところがあるので、あくまでも傾向的なものを知るための参考程度にとどまります。全体として見ると原告説が多いのですが、平成25年以降に限りますと、むしろ被告説の方が多いと言えます。

それから次の＊印（本書106頁下から7行目）ですが、今お話ししたように立証責任の所在については考え方が分かれているのですが、どの説をとるかにかかわらず、結構共通点が見えます。それがその次に書いてありますが、証拠を被告側が持っているので、①として一般的類型的におそれがあることをまず被告が主張する、立証する必要があり、その被告が立証した場合には、②として裁量権の逸脱濫用があることを原告側が立証する必要がある。このように2段階で判断をしているものについて、判決のところに下線を引いております。6割以上がこういった判断をしております。このように、立証責任の所在にかかわらず、中身を見ると結構同じような判断がされていることが分かると思います。

それから、次の＊のところ（本書106頁下から3行目）なのですが、原告に立証責任があるとしつつ、伊方原発訴訟を明示的に引用して、あるいは事実上の推認という言葉を使って、事実上被告側に立証責任を負わせるというものも見られます。

それから最後の＊印（本書107頁1行目）ですが、被告側に立証責任があるとしつつ、立証の対象を絞り込むというか、おそれではなくて相当の理由があることの立証をすればいいという形で判断しているものがいくつかあります。よく分かりませんが、立証責任を緩和する判断ではないかという気もいたします。

それから次の(3)の例外事由該当性（本書107頁）は、法5条1号および2号の但書該当性（先ほどの④）についてですが、下級審では基本的に原告説が取られております。その説明としては、原則公開なので本文該当性は被告、その例外だから原告とするのが一般です。例外の例外ということで、これも法律要件分類説的な説明です。

　それから、その下の＊印（本書107頁下から10行目）のところですが、先ほど紹介しました逆FOIA訴訟に関する横浜地裁の判決では、不開示情報は原告ですが、例外事由は被告としており、これも例外の例外という判断ですね。

　それから、かつて、個人情報について個人識別型をとる条例について、下級審で限定説が有力だったことがあります。つまり、個人識別型なのだけれどもプライバシー侵害がないと不開示に当たらない、というふうに限定する考え方がありました。そういった裁判例の中に、公務員に権利侵害があることは被告側には立証責任があるとしたものがあります。はっきり分かりませんが、考え方としては、まず個人情報に当たることは被告側に立証責任があり、職務遂行情報に当たることは原告側に立証責任があり、その例外として権利侵害があることは被告に立証責任があるというので、これも原則例外という判断かと思われます。

　もっとも、以上とは逆の立場をとったものもあります。個人情報の例外事由として公益上必要がある場合という条項を定めていた条例があったのですが、これについて例外に当たる部分についても、被告側に立証責任があると判断したものもありまして、これは反対説と思われます。このように、裁判例としては原告説が大勢ですが、学説では被告説も有力に主張されております。

　最後、6頁（本書107頁下から2行目）に行きまして、今度は裁量的開示の問題です（先ほどの⑤）。情報公開法でいいますと7条ですが、裁量を認めるから、逸脱濫用を主張する原告側にあるということで、ほぼ固まっているようです。

　ということで、以上、細々と裁判例などをご紹介してまいりました。

Ⅲ　検討

　ここから一応の検討に入りたいと思います。あくまでも私の情報公開訴訟に関する裁判例あるいは学説の検討に基づいての試論で、まだ、十分な検討ができていないので、とりあえず一応の問題提起程度に考えていただければと思います。

1　情報公開訴訟の特殊性

　まず1点目は情報公開訴訟の特殊性についてです。先ほど高木先生もお話し

されていましたが、行政訴訟に関しては立証責任が決め手になることが本来極めて少ない、と藤田宙靖先生も指摘されていて、それはその通りです。これに対して、情報公開訴訟においては、立証責任で判断する例が非常に多いと言えます。

これが情報公開訴訟の特殊性で、先ほどお話ししたように、結構たくさんの裁判例で、立証責任に言及されております。なぜこういった特殊性があるのかですが、既に島村健先生が指摘されているように、情報公開訴訟では現在のところインカメラ審理ができないことになっておりますので、裁判所は文書の現物を見ることができない、推認に頼らざるを得ないので、不開示情報が含まれているかどうか心証を得ることが困難である、こういった事情が、たぶん最大の理由ではないかと思います。

したがいまして、仮にインカメラ審理が認められれば状況が変わる可能性もないではないのですが、今のところインカメラ審理を導入する動きは立法において見られないようなので、当分はこういう状況が続くと思われます。

2 評価的要件

次に、評価的要件の問題です。先ほど高木先生が要件事実論の最大の成果ではないかとおっしゃっていた点です。事実的要件と評価的要件の区別については、行政法では評価的要件が多いという指摘が従来からされていたところです。この点、私もなぜかと考えていたのですが、裁量概念との関係で説明できるのではないか。

伝統的には、行政行為を羈束行為と裁量行為に分ける、つまり法律が判断の余地を認めていない場合と認めている場合ということでまず分ける。さらに裁量行為を法規裁量と自由裁量に分ける、これは裁判所の審査が原則としてできるかできないかという観点から分ける、というのが伝統的な分類ですね。最近はこういった区別に意味がないとする見解も増えていると思いますが、私は結構重要な区別ではないかと前から思っております。

ただ、これも高木先生が教科書で既に指摘されているように、2つの区別は観点が違う。前者は法律と行政の関係で、立法と行政の関係ということですね、これに対して後者は、行政と司法権の関係で、区別の次元が違うということが

あると思います。この点は確かにその通りだと思います。

　そこで、従来言われていた法規裁量とは何なのかを考えますと、要するに、法律が行政に判断の余地を認めているけれども、裁判所が全面的に判断代置で審理をする、裁量を認めないのが、この法規裁量だと思います。現にそういう例がいくつかありまして、収用補償額に関する判例であるとか、先ほども触れました不開示情報該当性に関する判例、それから水俣病の認定に関する判例等ですね。これらは一見すると判断の余地があるのですが、裁判所が全面的に審議をし直す、裁量を認めないという例です。そうなりますと、この法規裁量というのは、一義的に要件が定められていないので、そういう意味でいうと評価的要件ではあるのですが、裁判所は裁量を認めない、全面審査がされる、こういうカテゴリーが現在あることになります。

　こういったいわゆる法規裁量のケースも、評価要件に当たると言えるのではないかと思われます。そうすると、実は、いわゆる自由裁量だけではなくて、法規裁量についても評価的要件に当たると考えることができるのではないかと思います。注の30（本書109頁）で太田匡彦先生の書かれたものを引用しておりますが、おそらくそこで既に指摘されているところです。

　そうすると評価的要件の問題と裁量の問題は必ずしも同じではないことになる。評価的要件の方がより広く存在し、裁量はその内の一部の問題ではないかと思われるところです。この辺は私もあまり自信がないのですが、そういうことが言えるのではないかと思います。

　これを情報公開訴訟について見るとどうなるかというと、おそらく物理的存在の問題（上記①）は事実的要件に当たるのではないか。これに対して、行政文書該当性（解釈上の存在）と不開示情報該当性（上記②〜⑤）については、全て評価的要件に当たるのではないか。

　結局、行政法上は、羈束行為の場合のみが事実的要件で、その他は全て評価的要件となりますので、行政法上評価的要件が多いというのは、そういうことになると思います。

　次に(2)の「評価的要件の立証責任」についてです。この点については一般的に、次の頁（本書109頁9行目）にありますように、評価的要件については、その要件そのものではなくて、評価根拠事実と評価障害事実という主要事実があ

って、その立証責任が問題となると指摘されており、私もその通りではないかと思っております。

　ただ私はまだよく理解できないところですが、評価根拠事実と評価障害事実の関係をどう考えるかという点ですね。この点について太田先生の説明されているところは、評価根拠事実と評価障害事実はいわゆる抗弁や再抗弁のレベルでおそらく捉えられていて、判例をそのように説明されていると見られます。

　これに対して、河村先生や伊藤滋夫先生は、注の32（本書109頁）に書いてあるように、こういった場合についての評価的要件については評価根拠事実と評価障害事実の総合判断によると書かれておりまして、この点がどうなのかは私まだ今のところよく理解できておりませんので、もし後からこの点ご教示いただければ非常にありがたいです。

　ということで、太田先生は、段階的に原告被告に主張立証責任が配分されると解されているようで、平成13年の大阪府知事交際費訴訟の第二次上告審については、知事の交際事務に関する情報で交際の相手方が識別されうるものであっても、交際の相手方および内容が不特定の者に知られうる状態にされる情報は不開示情報に当たらないとした上で、祝金について一定の場合には、不開示情報に当たるわけで、祝金の具体的金額が不特定の者に知られうるものであったというに足りないとしており、この例外的な場合に当たれば開示されると、どうもそういう2段階で考えているようです。この点を太田先生は、先ほどの評価根拠事実と評価障害事実ということで、一方は被告、他方は原告がそれぞれ立証責任を負うと説明なさっております。

　それから次の例2（本書110頁4行目）ですが、これは先ほどお話しした、2段階の審査の枠組みについて、おそれがあると行政機関の長が判断する情報が記録されていることは被告、例外として、裁量権の逸脱濫用を基礎づける事実は原告ということで、立証責任を原告と被告に配分されると説明されております。この点、判例からは必ずしも明確に読み取れないのですが、おそらく先ほどの評価根拠事実と評価障害事実に分けて理解できると、そういう説明ではないかと思います。

　この辺り私はまだ理解が十分できておりませんので、のちほどご教示いただければ幸いです。

3　立証責任の一般的な考え方

　次に、3の「立証責任の一般的な考え方」（本書110頁）にまいります。ここから先は、以上の限られた検討からどういうことが言えるかという程度の話ですので、いろいろとご意見もあるかと思います。

　情報公開訴訟を検討していきますと、要件の定め方が結構重視されているのではないか、法律要件分類説的な考え方が強いのではないか、というのが大雑把な印象です。

　他方で、その他の説を見ますと、まず個別具体説につきましては、必ずしも明確な基準がなくて、基準としてはどうなのかという批判があることは、皆様もご承知の通りです。

　他方で、権利性質説が最近は有力なのですが、これにも問題があるのではないかと考えております。資料の注の34（本書110頁）に書いておりますが、情報公開訴訟についていうと、条文の定め方による相違を説明しにくいのではないか、基準がやや不明確ではないか、という疑問点があるところです。

　この点を、注の15の説明に即して、ご説明したいと思います。3頁の注の15（本書103頁）に引用したコメントで、二分説（権利性質説）に立った場合の解釈として述べられているところです。そこでは、不開示情報該当性については、情報公開請求権が法律によって初めて認められたものなので、授益処分に当たるから、原告に立証責任があるという説明がされております。ただそうしますと、情報公開訴訟では全て原告側に立証責任があるとなりそうなのですが、今までお話ししたように、そうはなっておりません。条文の作り方等によって被告になったり原告になったりしております。

　ということで、この二分説（権利性質説）だけではやはり説明が難しいところがあるのでないか。もちろん立法が明確に定めていればそれによるとの説明は従来からされていたのですけれども、その点どうなのかが一つの疑問点としてあります。

　それから、今お話ししたように、開示請求権が憲法上の権利ではない、法律の根拠があって初めて認められたものだから、授益処分だという説明がされておりますが、これもどうなのか。憲法上抽象的に知る権利が保障されているとすれば、逆の結論もありうるところだと思います。この点は従来から生活保護

などについて議論があるところです。憲法25条はプログラム規定だから、生活保護は立法上認められたものであって、授益処分だというのが昔の説明だと思います。この点は現在では批判があるところです。

　こういった考え方、侵害処分と授益処分の区別については、私の見るところ、注の34（本書110頁）にも書いておりますが、いわゆる「自然の自由」論が背景になっております。例えば拒否処分について、営業許可に関しては、もともと持っていた自然の自由を制限するから営業許可の取消訴訟で被告側に立証責任がある。これに対して、特許の拒否処分に関しては、自然の自由に含まれておらず、権利を拡張するから、原告に立証責任があるという説明がされていたわけですね。ただこの「自然の自由」論には、学説では批判が強いところで、これが果たして実定法上の概念なのか疑問ではないかといった批判があるところです。こういった「自然の自由」論に乗っかって判断することが一体どうなのかというのが、一つの疑問です。

　それからもう一つは、これはレジュメに書いておりませんが、いわゆる二重効果的処分について説明が難しいという疑問が従来から言われているところでありまして、私もこの点は問題ではないかと思っております。

　以上のように、権利性質説にもやはり限界があるのではないかと思います。そこでどのように考えたらいいかということです。これは私の暫定的な印象論にすぎないのですが、結論としては河村先生が書かれている考え方が一番いいように思います。これは引用なのですが、条文の規定形式の文理解釈を念頭に置きつつ、制度趣旨や立証の難易等も勘案して立証責任を決定する、というのが妥当ではないかと思います。もちろんそれでは不都合が生じる場合もあるので、それを立証の程度、事実上推認等で調整するという考え方が良いのではないかと思われます。

　従来から、立法者が明確に定めている場合はそれによるというのが一般的なコンセンサスだったのではないかと思いますが、基本的には立証責任については立法者が決めるものであるから、条文の定め方がまず前提になって、それで問題がある場合は修正していく、そういう考え方がいいのではないかと考えておりまして、そうすると河村先生の書かれているような解釈が一番妥当ではないかと今のところ考えております。

　ただ、この点につきましては、立法者意思を重視する考え方は、私が検討したのが情報公開訴訟だったからそうなったという見方もできます。情報公開制度はかなり特殊なもので、条文が立証責任を念頭に置いて立法されているとか、あるいは法律によって請求権が規定されているので、法律の規定が重要であるとか、特殊な場合であって一般化できないという指摘もありまして、確かにそういう面はあると思いますが、一応今のところ先ほどのように考えております。

4　立証の程度による調整

　次に8頁（本書111頁）です。以上が基本的な考え方で、それを立証の程度や推認によって調整することが可能ではないかと思います。例えば、先ほどご紹介した国家安全情報や公共安全情報につきましては、被告側の主張の程度として一般的類型的におそれがあるということを立証すればよいという判例・裁判例が結構多いのですが、この点は立証の程度を軽減することによって具体的な妥当性を図ろうという趣旨ではないかと考えております。ただし、あまり一般的類型的と強調しすぎると、被告側で実質が伴わないことを言えば十分となりかねないので、この辺りは注意する必要がある、やはりある程度具体的なおそれを主張することを求めるべきではないかという気がいたしております。

5　推認による調整

　推認につきましては、先ほどの沖縄返還密約訴訟で最高裁も認めているところですが、少なくともこの事案に関しては、下級審である一・二審がとった考え方と最高裁のとった考え方が違うことは、見逃せないような気がしております。

　一・二審は、過去に文書があったことが立証されれば、処分時に存在したことが推認されて、被告側でそれを覆さなければならないという、事実上の立証責任の転換を伴う推認をしていたと思われます。これは伊方原発訴訟の判断に近いものだと思います。最高裁はそうではなくて、過去に文書が存在したことを立証すると、そこから現在文書が存在することが推認できるとして、いくつかの考慮事項を挙げているのですが、これはあくまでも原告側で立証しなければならないと考えているようです。

　このように、同じ推認という言葉を使っても、一・二審とはかなり違うと思われます。

　こういった文書の存在について行政側にしか資料等はないわけなので、個人的には、下級審の判断の方が妥当だったのではないかという気がしております。

6　裁量審査

　最後に、裁量審査に入ります。

　情報公開訴訟においても、先ほどお話ししたように、国家安全情報・公共安全情報や裁量的開示については、一般に裁量が認められるので、この点をどう考えるかということです。

　まず、裁量については広狭がある、広い場合・狭い場合があり、おそらくそれに伴って裁判所の審査の密度も変わってくるのではないかと、個人的には考えております。

　そこで国家安全情報・公共安全情報と裁量的開示を見ると、まず国家安全情報等については、広い裁量か狭い裁量か争いがあります。注の40（本書111頁）で書きましたように、下級審では裁量が広範だと認めているものとか、あるいは神戸全税関事件やマクリーン事件のような広い裁量を認めた判例の枠組みを使っているものがかなり多いところです。この点について私は疑問を持っておりまして、立法の経緯からすると狭い裁量を認めたと見るべきではないかと思われます。注の41（本書111頁）にあるように、詳しくは情報公開法研究会の『情報公開制度のポイント』で書かれております。これは立案に関係した方々が書いた本で、かなり正確に当時の立案状況を反映していると思われますが、その中で、比較的狭い裁量を認めたと思われる判例を参考にして条文が作られたとされております。そういった経緯から見ますと、国家安全情報等につきましては、広い裁量ではなくて狭い裁量を認めるにすぎないと見るべきではないかと思われます。そうなると、国家安全情報等と裁量的開示では裁量の内容がかなり違うので、この点が立証責任等にどう影響するのかという問題がありうるところです。

　また、その次に書いておりますが、国家安全情報と公共安全情報につきましては、立案関係者が被告の方に立証責任があると述べていたという事実があり

ます。これは注の42（本書112頁）で引いておりますが、国会での情報公開法の審議の中で、政府委員が述べていることです。国会議員からの「原告の立証責任が加担されるとかそういうことはないわけですね」という質問に対して、政府委員は、「情報公開の訴訟におきましての立証責任の問題につきましては、この問題については裁判所は行政機関の第一次的判断が合理性を有するかどうかといったことについて判断するわけでございます。そういった点につきましての立証というものは行政機関の方で立証し、そして、合理的な理由を有する限度であればそういったものにつきましては、行政機関の判断が尊重されるというような仕組みになっておるわけでございます。」と答弁しております。それほど明確ではありませんが、被告側に、行政機関に立証責任があると述べているように見えます。もっとも、この点については、東京地裁の平成18年の判決が、当該発言は、立証責任に関する上記アの解釈（行政機関の長の裁量が認められるから原告側に主張立証責任があるという解釈）と同様の解釈を国会審議の場において平明に表現するための手法としてとられたものにすぎず、実質的には上記アの解釈と何ら変わるものではない、これは原告側に立証責任があるということを述べたものである、と言っておりますが、やや牽強付会な感があります。素直に読めば、行政側に立証責任があると述べているのではないか。はっきり言っているわけではありませんが。特に国会の審議の中での発言なので、結構重いのではないかという気がしております。ということでこの点、立証責任がどちらにあるかについては検討の必要があると思います。

　そこで、裁量審査について立証責任がどうなるかですが、今のところ私にはよく分かりません。少なくとも言えることは、裁量権の逸脱濫用があるかは、事実ではなく、先ほどの評価的な要件になると思いますので、主張立証の対象にならず、その評価根拠事実と評価障害事実の立証責任が問題になる、ということまでは、現在の判例学説の考え方から言えると思います。

　そこで、評価根拠事実と評価障害事実については、それぞれ立証責任を考えることができると思うのですが、問題はそういった前提事実に争いがない場合、あるいは確定した場合に、逸脱濫用があるかどうかという一番重要なところなのですが、そこをどう考えるかが、おそらく裁量審査の最も重要なポイントではないかと思います。

　この点が事実に関する争いではないとすると、立証責任の問題ではないことになると思います。これは既に藤山雅行裁判官が述べておられまして、注の44（本書112頁）に引用しておりますが、これは法的評価であって、立証責任の対象にならず、裁判所は自らの判断を示さなければならないと書かれておりまして、確かにその通りだと思います。

　他方で、そうは申しましても、原告被告である程度主張立証しなければ裁量の逸脱濫用が認められたり、認められなかったりするわけで、そこにはやはり原告被告に何らかの作用があると考えますと、全く裁判所の判断の問題であると言い切ってよいかというと、私もよく分からないところがあります。おそらく先ほど高木先生も引かれた巽智彦先生が、これは論証責任の問題であると述べられているのが、その辺りの一つの理解ではないかと思います。ただ、この論証責任とは一体どういうものか、少なくとも立証責任とは違うということはその通りですが、責任論として成り立ちうるものか、私にはよく分からないところです。

　以上の通り、裁量審査における立証責任については、今のところまだ私も確たる結論が得られないという状況であります。

おわりに

　「おわりに」（本書112頁）に入ります。以上、情報公開訴訟の検討に基づいて、一応の試論を述べましたが、立証責任一般についてどう考えるべきか、特に裁量処分についてどう考えるべきか、この辺りについては、私もこれから検討していきたいと思います。

　それから、取消訴訟以外の行政訴訟についても、今回全く論じることができなかったので、この点も今後考えていきたいと思います。

　今回このテーマを頂き、いろいろなご論考を読ませていただいて、本当ににわか勉強にとどまるわけですが、これから先生方のご意見を伺って、さらに考えを進めたいと思います。私の報告は以上であります。

　田村　村上先生、大変にありがとうございました。それでは、ここで10分間の休憩を取りたいと思います。

（休憩）

田村　それではちょうど時間になりましたので、再開させていただければと思います。河村浩先生、よろしくお願いいたします。

［講演3］
行政法各論から要件事実総論（立証責任の分配基準）を考える

河村浩　よろしくお願いいたします。東京高等裁判所の河村でございます。両先生方のご報告をお聞きいたしまして、大変勉強になりました。高木先生も村上先生も私の拙い見解を論評していただきまして、誠にありがとうございました。

高木先生のご報告につきましては、審理の迷走を防止するという点から、規範構造の分析が重要であるというご指摘を受けまして、誠にその通りだなと共感する次第でございます。

それから、村上先生のご報告につきましては、情報公開訴訟を極めてち密に分析されて、その分析は、実務にも非常に役に立つのではないかという印象を持ちました。また、総論でどのような立場を取ろうとも、各論的な結論分析の結果としては、さほどの違いは生じないと仮にいたしましても、どういう筋道で立証責任の問題を考えるのかということを明確にすることには意味がないとは言えないとおっしゃっていただきまして、その点も大変共感した次第でございます。

私と行政事件との関わりにつきまして、最初にご説明させていただきたいと思います。私は、現在、東京高裁の民事部で勤務しております。その前は、横浜地裁の行政集中部におりまして、行政事件を一審で担当しておりました。私は、平成5年に任官いたしまして、現在、在官28年目ということになるのですけれども、初任は、京都地方裁判所の行政集中部におりまして、行政事件を担当しておりました。その後、いくつかの裁判所勤務を経て、奄美大島の鹿児島地裁名瀬支部というところで勤務しまして、東京に戻った時に、公害等調整委員会という行政機関で勤務いたしました。公害等調整委員会では、鉱業等に係

る土地利用の調整手続等に関する法律、略して土地利用調整法と呼んでおりますが、県知事等が鉱業権等に関する処分をしたときにその争いについて裁定を行う、これを不服裁定と言いますけれども、そういう行政機関として行う裁定という処分について事務局審査官として関与しておりました。先ほど申し上げました通り、現在は東京高裁の民事部で勤務しておりまして、控訴事件としての行政事件（および後で述べます一審として関与する独禁法違反事件）を担当しているということになります。このように、これまでの裁判官としての経歴の中で、行政事件に若干関わる部分がありましたので、今回、この報告をお引き受けした次第でございます。ですが、それほど行政事件の審理の経験が多いわけではありませんので、そういう前提でお聞きいただければと思います。

1　はじめに

　それでは、さっそくレジュメ1頁（本書113頁）から入っていきたいと思います。要件事実総論については、いろいろな考え方があるかと思います。その中でも伊藤滋夫先生が提唱されております「裁判規範としての民法」説が妥当なのではないかということで、従来からそういう考え方に基づいて要件事実を分析するとどうなるかという問題を検討してきたわけであります。ここでいう「裁判規範としての民法」という場合の「民法」でありますけれども、これはレジュメにも書きましたように、実体法の代表例、例示として申し上げたということであり、行政法規に関しても実体法という概念はありうると思いますので、そういう意味での実体法をその規範の制度趣旨に則って分析し、要件事実を分析する考え方が「裁判規範としての民法」説だということになります。その実体法の外延といいますか、実体法の内容については、これは、要件事実論とは別に、解釈で決定される問題と思います。

　「裁判規範としての民法」説を行政事件に適用した場合には、「侵害処分・授益処分説」と言われる見解に一応相当するのではないかということでありますが、ただ、従来言われている「侵害処分・授益処分説」と「裁判規範としての民法」説とを適用した場合の結論が、厳密に一致しているかどうかは、実はよく分からないところもあって、必ずしも同じ説だというわけでもなさそうなので、そこには、少し一定の留保は必要だと思っております。

　これから具体的事例について検討させていただくわけでありますが、これは、レジュメ１頁の１の中ほど（本書113頁）に書いておりますけれども、議論の前提として、行政処分の義務付けとか、あるいはその差止めといった新しいタイプの抗告訴訟はさしあたり除外させていただいて、典型例として行政処分の取消訴訟を検討することにします。その訴訟物については、いろいろな考え方がありますけれども、さしあたり違法性一般ということで、形成訴訟説で考えたいと思います。それから、請求原因については、処分の存在とその処分が違法であるという主張が最低限必要だと考えまして、あと抗弁といたしましても、処分の性質がどうあれ、最低限その手続上の適法要件として、権限を行使する行政機関によって理由附記のされた処分が処分の名宛人に通知されること、ここまでは必要であろうということで、これを前提にさせていただきます。それから、行政処分の手続上の適法要件の他に、裁判になりましたら訴訟要件がございますけれども、その訴訟要件につきまして、これを基礎づける事実を手続上の要件事実と呼びたいと思います。手続上の問題もあるのだということで、あまりこなれた表現ではないのですけれども、これを手続上の要件事実と呼んで分析していきたいと考えております。

2　相続税法に基づく納税申告に係る更正処分（非申請型の不利益処分）の取消訴訟

　レジュメの１頁の２（本書114頁）のところでありますが、相続税の問題を取り上げております。相続税法に基づく納税申告に係る更正処分というところで、これは、申請型か非申請型かといいますと、非申請型の不利益処分になろうかと思います。

　基本設例の内容をそのまま読み上げるようなことはいたしませんけれども、ごく簡単にご説明申し上げますと、被相続人X′というお父さんがいまして、お子さんをXとします。それで奥さんはもう先に他界されているという前提であります。その後、お父さんのX′がお亡くなりになって、X′さんがお持ちであった土地、これは甲物件と呼んでおりますが、甲物件を所有していた。それで、その土地には、今あまりないのかもしれませんけれども地方に行きますと、弁財天を祀るための祠ですとか、あるいは小さな鳥居とか、そういったものが

ある。庭にあるので「庭内神し」と呼ぶようでありますが、そういったものが
あったということです。X′さん、お父さんがお亡くなりになったので、甲物
件を相続したということで、祠、鳥居といった「庭内神し」と、それから「庭
内神し」の敷地部分ですね、甲物件の「庭内神し」に使われている土地部分、
これはこの基本設例では本件部分と呼んでおりますが、相続税の申告をしたと
ころ、Xさんとしては「庭内神し」の敷地部分（本件部分）も含めてですね、
相続税法12条1項2号の非課税財産、すなわち、墓所、霊廟、それから祭具、
これに準ずるものということで、課税価格に加算しないで申告をしたというこ
とです。そこで、W税務署長としては、その「庭内神し」自体は良いけれども、
その敷地部分（本件部分）は違うでしょということで、甲物件の全ての部分に
ついて課税価格に算入して本件更正処分をした。このような基本設例で、Xさ
んが自分の納税申告の税額を超える部分について本件更正処分の取消訴訟を起
こした場合、どのような要件事実になるのかというのが最初の問題ということ
になります。

　訴訟物につきましては、議論の前提として、違法性一般と考えますので、W
税務署長のXに対する本件更正処分の違法性、そういうことになるかと思いま
す。

　そして、要件事実の分析というところなのですけれども、請求原因としては
処分の存在と違法性の主張はされているということでありますので、それに加
えて不服申立前置とか、あるいは出訴期間の遵守とかが手続上の要件事実とし
て必要かどうかですが、これらにつきましては、手続上の要件事実が満たされ
た場合に初めて、当該手続が適法になると考えられておりますので、そのよう
な法律の制度趣旨からいたしますと、訴訟を提起する原告側に、手続上の要件
事実についての立証責任があると考えられるのではないかと思います。この点
は、以下の他の設例でも前提として同じように問題になる部分であり、以下で
も同様に解すべきことになります。

　それから、更正処分の実体上の適法要件に係る要件事実という部分でありま
す。更正処分の根拠といたしましては、ここに書いております通り、国税通則
法24条にその根拠規定があるわけですが、同規定は、更正処分は納税者の財産
権に対する影響の大きさから、一定の手続上、実体上の要件が充足された限り

において税務署長にそのような権限を与えている、そのような制度趣旨からいたしますと、積極的な要件、もっともここにも書いておりますが、積極的か消極的かということ自体、制度趣旨で解釈で確定されるわけでありますけれども、その積極的要件と言われるものがあれば、その要件事実、これは手続上のものを含めてですね、全て抗弁として、税務署長、その行政主体である国の方で立証責任を負うと、そう考えるべきであると思います。

　以下では、実体上の適法要件について、租税法でよく言われます講学上の課税要件理論、すなわち、課税要件として、納税義務、課税物件、帰属、課税標準、税率という——もう少し細かく分ける説明もありますけれども——おおむねこの5つが必要であると言われる考え方に沿って、要件事実を分析したいと思います。基本設例では、X′さんの相続人がXだということは書かれていたわけですが、X以外に他に相続人、Xの兄弟姉妹がいるかどうかというのは、明示していないわけであります。まず、他に相続人がいる、他にX′の子がいることが、攻撃防御上、どういう位置づけになるのかという問題を検討します。

　もっとも、本当は、実務的には、こんなことは全く問題にならないわけであります。なぜかといいますと、戸籍がありまして、更正処分をする前に戸籍を含めて税務調査いたしますので、相続人の範囲は容易に知りうるというところで、これは、理論上の問題だけということではありますが、一応検討をさせていただきます。

　他に相続人がいることが、他に相続人がいない、相続人はこの人のみであるということの否認なのか、それとも他に相続人がいることが抗弁なのか。これは、司法研修所では、「のみ説」（他に相続人がいることは否認）と「非のみ説」（他に相続人がいることは抗弁）の対立として説明されていますが、ここでの問題も、「のみ説」なのか「非のみ説」なのかとそういう話であります。

　税務署長としては、通常、納税申告書に書かれている相続人を対象にして、更正処分をいたしますので、他に相続人がいるかいないかは考えなくてもよいという考え方も、あるいはあるのかもしれません。しかし、相続税額の計算に関する相続税法17条は、財産を現に取得した方に課税するといういわゆる遺産取得税を基本としつつ、その算出過程において、相続税の総額を基準としており、いわゆる遺産税としての側面を考慮しています（具体的には、課税遺産額に

ついて、相続人全員の各人の法定相続分の税額を算出し、これを合計した相続税総額を、実際の相続取得分で按分して各人の納付すべき税額を算出します。）。そういたしますと、共同相続人の範囲に関しまして、この相続人しかいないということを前提として相続税額の計算をする、つまり、ここでの表現でいいますと「のみ説」で考えることが、遺産税の範囲を考慮している17条の趣旨に合致するのではないかと思います。また、17条の文言が、「すべての者に係る相続税の総額」という表現を使っておりますので、こういう文言も総合考慮いたしますと、「のみ説」的な解釈でよいのではないかと思います。

　ただ、要件事実論では、一般的類型的な観点からの、立証困難性の有無ということに配慮しないといけないと思いますので、そういう観点から、他に相続人はいないということを税務署長側に立証させることに問題はないのかということを考えないといけないわけでありますが、先ほど申し上げました通り、税務調査をしないと更正処分できないという建て付けになっておりますので、戸籍によって通常、相続関係は明らかになるということで、国側にとってさほどの立証困難性はないと思いますので、今申し上げたような解釈でよいのではないかと思うところであります。したがいまして、結論として国は抗弁として、X′の相続人はXのみであることの立証責任を負うと解することになると思います。

　次に、課税物件の問題でありますけれども、ここでは、非課税財産かどうかの立証責任について検討させていただきたいと思います。課税要件としては、先ほど申し上げました通り、その帰属ですとか、課税標準、税率の問題もあるのですけれども、ここでは、課税要件のうち課税物件についてだけご説明したいと思います。これは、非課税財産でない、つまり、課税財産であることが国の抗弁と考えるのか、それとも、非課税財産であることが課税財産の例外として原告の再抗弁と考えるのかの問題と思います。

　基本設例の「庭内神し」の敷地部分になっている甲物件のうちの本件部分が、先ほど申し上げたような相続税法12条1項2号の墓所等に「準ずるもの」かどうかということが問題になる——準ずるというのは、一種の評価的要件ではないかと思いますので——、その評価根拠事実の立証責任がどうなるかという問題になると思います。

　この相続税法12条１項２号は、墓所とか霊廟とか祭具とかと表現をしております。他方、民法897条１項に祭祀財産の規定がありますが、その祭祀財産の規定では、そういう表現振りではなく、系譜、祭具および墳墓となっておりまして、祭具というのは同じなのですけれども、若干文言が違っているというところがあります。相続税法12条１項２号は、民法897条１項の借用概念なのかどうかについては、若干争いはあるのかもしれませんが、いずれにせよ、そういう民法の規定も踏まえて、墓所等につきまして日常礼拝の対象になっていることを考慮してこれらを非課税財産としたという、そういう趣旨を考慮して相続税の課税価格に算入しないという例外的な取り扱い、特例を定めたと考えられるのではないかと思います。

　そうしますと、非課税財産は、相続財産の例外であると考えて、当該財産が非課税財産であることの立証責任は、原告にあると考えるのがよいのではないかと思うところであります。ただ、先ほど申し上げました通り、「準ずるもの」というのが一種の評価であるといたしますと、正確には、評価根拠事実が要件事実になるということになります。それにつきましては、この基本設例が下敷きにしている平成24年の東京地裁の判決（東京地判平成24・６・21判タ1411号275頁）が、「庭内神し」の位置関係・外形、設備の土地への接着度、建立の経緯・目的、礼拝の態様と、そういったものを総合考慮すべきであると述べておりますので、これらに関連する非課税財産であることを基礎づける事実、これが評価根拠事実になるのではないかと思います。

　他方で、国税通則法24条ですね、更正処分の根拠規定なのですが、同条では、「税務署長は、……更正する」と表現されておりまして、更正することができるとはなってないことと、国民の財産権に対する重大な影響を考慮して一定の要件を満たす限りにおいて更正する権限を認めたという同条の趣旨に照らしますと、税務署長には、更正処分に関しての裁量権はないと考えてよいのではないかと思います。したがいまして、国がその更正処分の適用要件の充足を主張立証した場合に、国民の側で裁量権の逸脱または濫用の主張をするのは、（裁量権ではなく、権限の濫用を主張する場合は別として）主張自体失当になるのではないかと思います。以上が相続税をめぐる要件事実の問題であります。

3　独禁法に基づく棄却審決（申請型の不利益処分）の取消訴訟

　引き続きレジュメの３頁（本書116頁）、独禁法の話に移りたいと思います。これは、独禁法の棄却審決の取消訴訟に係る要件事実の問題であります。ここで申請型の不利益処分と書いていますのは、排除措置命令や課徴金納付命令が出た後に、その取消しを求めて、公正取引委員会（以下「公取委」と言います。）に審判請求をする、そういう意味では申請型である。そして、それが棄却されれば、措置命令等の行政処分が生きてきますので、不利益であるということで不利益処分ということで整理をしております。

　レジュメの３頁の注４のところ（本書116頁）でありますが、ここでいう独禁法は現行法ではありません。この基本設例では、いわゆる裁決主義（原処分の取消訴訟の提起を認めず、裁決の取消訴訟のみの提起を認め、その代わりに裁決の取消訴訟の中で、原処分の違法事由を争うことを認めるルール）のことに触れたかったので、平成25年改正前の旧法で検討しておりますので、ご注意いただきたいと思います。

　基本設例の内容ですけれども、Ｘ社は、紙基材フェノール樹脂銅張積層板、このフェノール樹脂とは、ベークライトというプラスチックで、電子部品を絶縁するために作られるものなのですが、そういったものを作っている会社で、他に同業７社がおります。この手の話ではよく出てくる業界団体××会というのがありまして、この会合の中で、販売価格の引上げという話が出て、同業他社が追随したというような話です。そこでの業界団体の会合で値上げするぞといった１社に対して他の会社が追随したということで、それは、双方が意思の連絡を図って協調値上げをしたんだと公取委が主張いたしまして、その合意のことを基本設例では、本件合意と呼んでおりますけれども、不当な取引制限があったということで、排除措置命令および課徴金納付命令を発令したということです。これに不服のＸ社が、公取委に対してその命令の取消しを求めて審判請求をしたけれども、棄却審決を受けたので、東京高裁に棄却審決の取消訴訟を提起したと、こういう事例を基本設例では想定しております。

　平成25年改正前の旧法では、東京高等裁判所が第一審の専属管轄裁判所（独禁法85条１号）でして、この旧法適用事件は、今でもまだ東京高裁に係属しているのでありますけれども、これは、東京高裁第３特別部というところで処理

しています。基本設例のベースになっております事案は、東京高裁平成 7 年 9
月25日判決（判タ906号136頁）で、これは、有名な判決でして、東芝ケミカル
事件と言われているものであります。

　さっそく中身に入るということになりますが、訴訟物は、先ほど来言ってい
るような形で本件審決の違法性となります。請求原因としては、審決の存在と
違法性の主張が最低限必要であるということです。手続上の要件事実として、
先ほどの相続税の基本設例と若干違いますのは、出訴期間の問題ですね。平成
25年改正前の独禁法ですと、審決の効力が生じた日から30日以内（独禁法77条
1 項）で、その期間の性質を不変期間とするという定め（同条 2 項）がありま
すので、その不遵守の例外は、行訴法14条の正当な理由の問題ではなく、行訴
法 7 条で準用される民訴法97条 1 項の訴訟行為の追完の問題になると。つまり、
その期間を遵守してれば問題ないのですけれども、遵守ができなかったときに
は正当な理由があるかどうかではなく、訴訟行為の追完が認められるかどうか
の方に話が行く、そういうところが手続上の要件事実の内容としては若干違う
ところでございます。

　それから、棄却審決の適法要件の内容ですけれども、公取委の審決というの
は、措置命令等が事業者の経済活動に与える影響の重大性から準司法的手続に
よるべきことが規定されている、こういう趣旨からいたしますと、原処分であ
る措置命令等、そして、当該審決自体の手続上、実体上の適法要件について、
公取委の方で主張立証しないといけないのではないかという結論になります。
ここでは、X社が公取委に対して、措置命令等の取消しを求める審判請求をし
ておりますけれども、その審判請求の適法性を基礎づける部分、これも公取委
の抗弁の一部になるのではないかと考えております。

　平成25年改正前の独禁法はですね、先ほど申し上げました裁決主義（独禁法
77条 3 項）をとっておりますので、措置命令、課徴金納付命令それ自体を取り
消すという訴訟を起こすことはできないことになっておりまして、あくまでも
公取委の棄却審決に対する取消訴訟を第一審の専属管轄裁判所である東京高裁
に起こすという建て付けになっております。したがいまして、原処分である本
件各命令の違法事由には、裁決主義をとっている結果、原処分主義に関する行
訴法10条は適用されないと。つまり、この棄却審決の取消訴訟の中で、原処分

のあらゆる違法事由を言えることになっております。

　以下では、排除措置命令のうち、実体上の適法要件の一つとして、不当な取引制限があることが要件になるわけでありますが、その中で、さらに、他の事業者との共同、基本設例では、本件合意があるということで、公取委は、本件各命令をしたということだったのですが、この「他の事業者と共同して」（独禁法2条6項）という要件について、若干お話をさせていただきたいと思います。

　独禁法2条6項なのですけれども、レジュメ5頁（本書118頁）に書いておりますように、これは、不当な取引制限の定義規定です。同項には「事業者が、契約、協定その他何らの名義をもってするかを問わず、他の事業者と共同して対価を決定し、維持し、若しくは引き上げ、又は数量、技術、製品、設備若しくは取引の相手方を制限する等相互にその事業活動を拘束し、又は遂行することにより、公共の利益に反して、一定の取引分野における競争を実質的に制限することをいう。」と、こう書かれておるわけであります。この「他の事業者と共同して」という文言の解釈なのですが、一般の人を基準にして通常の理解能力を持っている人がどう読み取れるかという観点から文理解釈をしますと、この「他の事業者と共同して」の次に「、」でも打ってあれば別なのですけれども、そのまま読みますと、その後に来る「制限する等相互にその事業活動を拘束し、又は遂行する」の例示の一部である、つまり、その事業活動を拘束または遂行するということの例示の一部であると解釈することもできるのではないかと思います。しかし、これは立法の経緯を調べますと、昭和28年に改正がされた時に、一部の条文（当時の4条〔特定の共同行為の禁止〕）が削られて、そこに書いてあったことを、この2条6項の部分に入れたということなのですが、そういう立法経緯から見ますと、もともと「他の事業者と共同して」という要件があって、その後に、この「事業活動を拘束し、又は遂行する」の例示を他の条文にあったのをここに入れたというだけですので、「他の事業者と共同して」の部分は、事業活動の拘束または遂行の例示ではないというのは上記の立法の経緯から見て明らかなのです。ただ、条文の文言だけを読むと、「他の事業者と共同して」は、独立の要件なのか例示の一部なのかは、必ずしもはっきりしないということかと思います。このように、条文を読むだけでは、要件の内容自体がはっきりしないこともありますので、その規定の趣旨とか沿革

とかも考慮した上で、その内容を判断しないといけない、そういう一例として挙げさせていただいた次第でございます。

　基本設例に即していいますと、その「他の事業者と共同して」という2条6項の部分は独立した要件ということになりますので、本件合意は、公取委の方で、「他の事業者と共同して」を基礎づける抗弁として立証責任を負うという結論になると思います。

　それから、独禁法7条は、排除措置命令に関しましては、「命ずることができる」と書いておりまして、かつ、その制度趣旨は、公取委の高度の専門性に配慮することにあるということからいたしますと、裁量があることになるかと思います。この結論は、レジュメ5頁（本書118頁）で引用しております最判平成19・4・19（裁判集民事224号123頁）も認めるところであります。他方で、課徴金納付命令に関しましては、もともと裁量を持たせるという議論が最終的に採用されずに、裁量はないという前提で規定がされているという立法の経緯と、そのことの表れとして、7条の2第1項が「納付することを命じなければならない」という規定振りになっておりますので、こちらは、公取委に裁量はないと解釈されているところであります。

　レジュメの4頁の注6（本書118頁）のところをご参照いただきますと、今申し上げましたような抗弁が立証されればよいわけでありますが、立証されないということになりますと公取委の審決が取り消されることになります。他方で、独禁法82条1項1号および2号に、その審決の取消事由が規定されています。この取消事由を定めた独禁法82条1項と、要件事実論との関係がどうなるのかが問題になるような気がいたします。公取委の抗弁が証明されない場合は、実質的証拠を欠いた（同項1号）ことになると思いますので、同項は、注意的にそういう事態を規定したものだと解されることになると思います。従来の文献を見ていますと、こういう説明はあまりないのではないかと思うところであります。

4　難民不認定処分（申請型の授益処分の拒否処分）の取消訴訟

　レジュメ5頁の4（本書119頁）の難民不認定処分のところに行きます。これは、難民申請をするということでありますので、申請型の授益処分の拒否処分

となります。侵害処分か授益処分かの区別は必ずしも自明のことではないという村上先生のお話もありましたけれども、ここでは、授益処分の拒否処分として書かせていただいております。

　基本設例の内容でありますけれども、これは、日本国内にいる外国籍を有するＸさんがおりまして、法務大臣に難民認定申請をしたところ、不認定処分を受けたので取消訴訟を提起した、そういう事例を想定いたしました。

　訴訟物は、本件難民不認定処分の違法性になるわけであります。レジュメの６頁（本書119頁）から要件事実の分析というところになりますけれども、請求原因としましては、先ほど来と同じでありまして、難民不認定処分の存在、違法性の主張、他に手続上の要件事実として、出訴期間の遵守の問題があります。出訴期間の不遵守の例外は、ここでは、先ほどの独禁法の基本設例とは異なり、行訴法14条の正当な理由の有無ということになるかと思います。

　適法要件に関する部分でありますが、これは、処分の通知等です。こういう難民不認定処分をしましたよということを処分の名宛人にお知らせしたことは、国が言わないといけないと思います。適法な難民認定申請の内容については、入管法61条の２の第１項、同法施行規則55条に規定されております。例えば、入管施行規則55条ですと、その内容は、別紙様式の別紙に基づいて申請をするとか、写真を貼付するとか、申請者が難民に該当することを証する資料を提出するとかです。このような一定の様式に従った申請をすることについて、立証責任が誰にあるのかということです。これは、法律が難民認定を申請型の処分にして、一定の申請があった場合に初めて行政庁で判断をするという仕組みを採用していることからしますと、適法な難民認定申請をした事実は、申請人に立証責任があるのではないか、それが申請型の行政処分の制度趣旨に合うのではないかと思うところであります。

　それに加えて、申請者が「難民」に該当することの立証責任を申請人側で負うのかという話でありますけれども、難民の定義は、入管法２条３号の２に規定がありまして、難民条約ですとか、難民議定書ですとか、そういったもので難民条約の適用がある人かどうかで決まります。これについては、申請した人が当然に難民として遇されるということではなくて、難民として認められた場合には、一定の特別な地位が付与されるということだと思いますので、このよ

うな法律の構造からいたしますと、難民の立証責任については、申請人が負うと言えるのではないかと思います。正確には、「難民」は、一種の評価でありますので、申請者において、その評価根拠事実を具体的に主張立証することになるのではないかと思います。実務の扱いも、難民の根拠事実の立証責任は、申請者である原告にあるとしていると思います。

　そうしますと、申請者である原告としては、①自分のした申請が法や規則に則った適法なものであること、②自分が難民に該当することの2つの要件に関する要件事実を主張立証しないといけないことになると思います。

　ただ、実務で問題になる例というのは、難民であることの立証について、申請者が通常置かれている状況から見て、かなり立証困難である、そういった事例であるということは事実でありまして、そういう場合の立証困難性についてどう対応するのかが、やはり要件事実論として問題になるのではないかと思います。立証困難性による規範構造の修正を一般論としては認める必要があると思いますけれども、難民認定のケースにおいては、立証困難性を理由として、難民でないことを被告の立証責任事項とする、そこまでの必要はないのではないかと、今の時点では考えておりますが、これも結局のところ、難民の申請をされている方々の一般的に置かれている社会的な状況、そういった社会学的事実を踏まえて決められる問題であると思いますので、非常に深刻な事件があって、一般的類型的に見ても、やはり立証困難であると判断されるのであれば、そのことを考慮して規範構造としては逆になる（つまり、難民に当たらないことが難民不認定処分の適法要件に係る要件事実となる）という考え方も成り立つのではないかと思うところであります。上記のような立証責任の所在を考えるということ以外に対応策がいくつか考えられるわけでありますが、難民の根拠事実と障害事実の振り分けを適切に配慮する、簡単にいいますと、国側の評価障害事実を重くするということもありますし、講学上言われております事案解明義務によって立証責任を負わない当事者、この場合でいうと国でありますけれども、国側に申請者の難民に関する一定の資料提出を求める、あるいは、場合によっては、極めて例外的な場合だと思いますけれども、原告側の証明度につき、証明度の軽減をするという考え方もあるかもしれないと思うところであります。

　なお、法務大臣の難民認定につきましては、「行うことができる」（入管法61条の２第１項）という条文にはなっているのですけれども、これは、難民の要件を満たす方に特別な地位を与えるという法律の構造からいたしますと、ここで「できる」といっているのは、そういう認定ができると、つまり、そのような権限を付与したというだけであって、行政機関に裁量権を認めるものではないと理解されると思います。

5　使用料免除処分（申請型の授益処分）の取消訴訟
　　（住民訴訟（２号請求））

　引き続き、レジュメ６頁の５（本書120頁）の使用料の免除処分の取消訴訟ということで、ここでは、住民訴訟のうち、地方自治法（以下「地自法」と言います。）242条の２の第１項２号、いわゆる２号請求訴訟と言われているものを取り上げました。これは、財務会計行為としての性質を有する行政処分の取消訴訟であります。実務的には、ほとんど見ない類型ではありますけれども、たまに見かける類型でもありますので、これを基本設例として挙げさせていただきました。レジュメ７頁（本書121頁）の基本設例の囲み部分の一番最後に札幌高裁の判決（札幌高判平成24・５・25判例地方自治370号10頁）を引用しておりますが、基本設例は、この平成24年札幌高裁判決をベースにした事案ということになります。Ｙ町で町長がＡ町長ということにしておきますけれども、行政財産である本件土地上に、町営の温泉施設を持って運営をしていたところ、地続きの別の敷地にＷ社というホテルがありまして、このホテルと町営温泉施設・町有地（本件土地）とが隣接している。この町営温泉施設の駐車場として整備されていた本件駐車場の半分をＷ社に無償で使わせる。これは、行政財産の目的外使用許可という手続が必要で、その許可処分には、地自法238条の４第７項に規定がありますけれども、その許可を要します。また、その使用料は徴収しないということですと、使用料については、地自法は条例で定めることになっておりまして、ここでは、Ｙ町の行政財産の使用料徴収条例（本件条例）があるので、徴収しないという免除の決定をするには、その条例に規定されている町長が特別な事情があると認めた場合でなければならないことになります。免除申請の手続等の細かな手続は、条例の施行規則で決まっているものといた

します。Ｙ町の住民Ｘという原告の住民の方が、Ｙ町を被告として、地自法242の２第１項第２号に基づき、この本件免除処分の取消訴訟を起こした。基本設例では、こういう事例を想定しております。

　前提としていくつか問題はあるのですけれども、まず、目的外使用許可処分それ自体が、財務会計行為かという問題がありまして、この札幌高裁の事案は、この目的外使用許可と免除決定の両方が住民訴訟における取消しの対象になっている事案であります。札幌高裁は、この２つとも一体として財務会計行為性を有すると判断をしておりますが、この点は、いろいろな考え方があるように思います。もっとも、免除決定については、財務会計行為としての性質に争いはないと思いますので、基本設例では、取消しの対象を免除決定に絞って、札幌高裁の事案とは若干変えております。

　次に、上記訴訟は、Ｙ町を被告としているのでありますが、この住民訴訟の被告の規定の仕方は、現行法では、極めて分かりにくくてですね、２号請求訴訟は、対象が行政処分なので、行訴法を準用している関係で（地自法242条の２第11項、行訴法43条１項、11条１項）、行政主体主義がとられているので、町長ではなくてＹ町という行政主体が被告になります。他方で、２号を除く、１号、３号および４号は、それぞれ執行機関が被告になりますので、大変分かりにくい規定になっています。それから、先ほど申し上げなかったのですけれども、独禁法関係も、被告は国ではなくて公取委であり（同法78条）、行政主体主義ではなく、行政機関主義がとられておりますので、この点も分かりにくいなと思うところであります。

　さて、住民訴訟の訴訟物につきましては、住民訴訟の法的性質と関係していろいろな考え方があると思いますけれども、ここでは、形成訴訟だと考えまして、訴訟物は、本件免除処分（財務会計行為）の違法性ということで考えておきたいと思います。

　請求原因につきましては、処分の取消訴訟でありますので、本件免除処分の存在と違法性は必要であろうということで、これを前提にさせていただきたいと思います。あとは、手続上の要件事実として、ＸがＹ町の住民であること、住民監査請求前置も要件となります。住民訴訟の出訴期間の不遵守の例外は、先ほどの独禁法のそれと同じでありまして、行訴法14条の正当な理由ではなく

て、地方自治法で出訴期間の性質は不変期間とされていますので（地自法242条
の２第３項）、最終的には行訴法７条を経て民訴法97条の訴訟行為の追完の規
定に至るということになるのではないかと思います。この辺りも全て統一して
いただけたらなといつも思うのですけれども、非常に紛らわしいといいますか、
ややこしくなっております。

　この取消訴訟の要件事実として、本件免除処分が違法かどうかということが
問題となるわけでありますけれども、この点の立証責任が住民側にあるのか、
それとも自治体側にあるのかということが問題になるかと思います。地自法
242条の２第１項をそのまま読みますと、「普通地方公共団体の住民は、……裁
判所に対し、訴えをもって次に掲げる（２号の場合、行政処分たる当該行為の取
消し又は無効確認の）請求をすることができる。」と書いてありますので、この
条文の文言をそのまま読みますと、処分の違法性の評価根拠事実の立証責任は、
請求原因として原告にあると考えるのが素直なのかもしれません。住民訴訟の
立証責任について、論じられている文献は極めて少ないのですけれども、私の
調べた範囲では、処分の違法事由は、住民側の請求原因であると書かれており
ました（後記の『最新地方自治法講座４　住民訴訟』参照）。おそらく地方自治法
の条文を素直に読むとそのように読めるので、それを根拠にしているのではな
いかと思う次第であります。

　ただ、住民訴訟の制度趣旨が、一般に言われておりますように、地方財務行
政の適正化を図るということにありますところ、使用料免除処分によって町の
歳入は減ることになりますので、自治体として財政上不利益になるのではない
かということで、処分の取消訴訟を求めて住民側が訴訟を起こす場合には、自
治体側で、地方財務行政に不利益が生じないのだ、適法なのだということを立
証する責任が、その制度趣旨から見てあるのではないかと思うところでありま
す。

　レジュメ７頁の注８（本書121頁）に書いておりますけれども、２号請求訴訟
について、処分の違法事由が請求原因であると書いてあったのは、そこに挙げ
ている『最新地方自治法講座４　住民訴訟』の石津先生のご論考です。仮に、
この説に立ったといたしますと、住民側の立証困難性への配慮が問題となりま
すので、情報公開制度を使っても黒塗りの書面しか出てこないといったケース

が想定される場合には、住民側の立証困難性への解釈上の手当てが必要だろうと思います。

レジュメの8頁（本書121頁）に行っていただきまして、要件事実の分析ということになります。住民側でなく自治体側で本件免除処分の適法性の根拠事実の主張立証をしないといけないという説に立つと、基本設例に即していいますと、まずは、前提として、W社に対して、本件部分について本件使用許可処分がされたということがあり、これについて、W社がA町長に対し、適式な免除申請をした、これは条例の施行規則に定まった方法でやりましたということです。それから、処分は処分の名宛人に送られないと効力を生じないと解釈されていますので、A町長は、本件免除処分の通知書を送付したことが必要かと思います。その上で、本件免除処分の内容的な要件として条例が定める特別の事情があるので免除をしたという免除の根拠に関する部分も主張立証しなければならないと思います。

基本設例に即して申し上げましたけれども、札幌高裁で問題となった説示を参考にいたしますと、上記の「特別の事情」は、具体的には、使用料を免除することによってW社のホテルの経営が安定してお客さんがいっぱいくると、町営の施設も潤うというような将来予測の因果関係、それと、本件駐車場は、W社に対し、その全部を駐車場として貸したのではなくて半分だけしか貸していないので町営の施設の利用に支障はないことであると思うところであります。

他方で、地自法225条が使用料徴収に関しまして「徴収することができる」という文言になっているということと、その趣旨が普通地方公共団体の行政目的を実現するために裁量を付与している点にあることに照らしますと、普通地方公共団体の長には、使用料徴収に関しまして裁量権があるということになります。そうしますと、仮に、今申し上げた特別の事情がある場合であったとしても、住民側で、本件免除処分に裁量権の逸脱または濫用があること――これは再抗弁かと思いますが――を主張立証することができると思います。

6　おわりに

レジュメの8頁（本書122頁）の「おわりに」というところでありますが、行政処分の根拠となる個別法に関しまして、原則例外等の構造を明らかにして要

件事実を決定するためには、個別法の条文の文言も重要ですが、それだけではなくて、制度趣旨に遡った実質的解釈を行いまして、形式的な条文の文言に基づく解釈と、制度趣旨に基づく実質的な解釈、これらを総合してあるべき解釈を確定することが必要であると思います。

　裁量権の有無も、「何々することができる」という条文の文言は、あまりあてにならないわけでありまして、その「できる」という文言が裁量を付与する意味なのか、権限としてできるということを注意的に明らかにしているだけなのかは、その個別法の制度趣旨によって決まるものと思います。今申し上げた点を明らかにした上で、裁量権があるのかないのかを検討しませんと、裁量権の逸脱または濫用という原告側の主張も主張自体失当なのかを判別することができないことになると思います。

　それから、評価的要件が非常に重要であるという高木先生のご報告もありましたけれども、評価的要件の要件事実は、基本的に条文には書かれていない──条文に書かれている場合もありまして、これは、伊藤滋夫先生が変則的評価的要件（伊藤滋夫『要件事実の基礎〔新版〕』（有斐閣、2015年）292頁）と呼ばれている類型なのですけれども──、そういう特別なものは除きますと、基本として条文に書かれていない。あくまで解釈で、根拠事実に対して障害事実があるのかないのか、それぞれどういう内容なのかを明らかにする必要があります。

　さらに、立証困難性の問題があります。ある特定類型の訴訟において、原告がその立証困難性ゆえに常に負けるということがあるとすれば、それはまずいと思いますので、そういった場合には、理論上は、実体法で立証困難性を抜きにして考えたときの規範構造を立証困難性を根拠として修正する必要があると思います。そういう場合に、立証困難性を要件事実論としてどのように位置づけて扱うのかということをあらかじめ要件事実論のルールとして組み込んでおく必要があるのではないかと思うところであります。

　本講演では、４つの基本設例に基づくパターンについてしか検討することができなかったのですけれども、これらの各論的な若干の分析結果に照らしますと、その条文の文言を第一次的に基準にすることはもはや成り立たないのではないかと思います。他方で、個別具体説は、融通無碍なところが実務的には使

いやすい考え方なのかもしれないのですけれども、これは、要件事実の決定基準を述べていないに等しいので、法的安定性という観点からは問題がある考え方ではないかと思うところであります。そうしますと、若干、我田引水的なところもありますが、「裁判規範としての民法」説が、比較的穏当で、各論的な分析結果とも整合性を持つ考え方ではないかということをここでは申し上げておきたいと思います。

　なお、客観訴訟は、確かに主観訴訟と違いまして、特殊な訴訟類型だということはあるのですが、住民訴訟における2号請求訴訟では、若干修正を要するとは思いますけれども、「裁判規範としての民法」説が使えるのではないかと思います。確かに、侵害処分・授益処分説からいたしますと、行政処分の当事者ではない住民は、処分の名宛人等が処分の取消訴訟を起こす場合とは違って、その利益侵害というのは考えられないのではないかと言われることがあります。ただ、2号請求訴訟につきましては、執行停止の規定が準用されていまして（地自法242条の2第11項、行訴法43条1項、25条2項）、上記のように処分による住民の利益侵害が考えられないと考えますと、執行停止の規定の準用は全く意味がないことになりそうなのですが、ある文献（西川知一郎編著『行政関係訴訟〔改訂版〕』（青林書院、2021年）322〜323頁〔釜村健太〕）には、その場合には、公益が侵害されると読み替えてですね、執行停止の必要があるのかないのかを考えるべきだという説もあると紹介されています。したがって、侵害処分・授益処分説（「裁判規範としての民法」説）も各個人の主観的な利益の侵害ではなく、住民の全体的な公共的利益の侵害と置き換えて考えれば、客観訴訟にも使える考え方ではないかと思うところであります。

　締めくくりでありますが、行政法各論の要件事実を分析して、そこからフィードバックして、要件事実総論でどういう立場が妥当かを検証する試みは、私が知る限りあまりされてないように思いました。今後、行政法各論において、どのような要件事実分析が可能なのかを積み重ね、その上で要件事実総論に戻って、その妥当性を検証してみる、そういう試みが重要ではないかと感じる次第でございます。以上で私の報告を終わらせていただきます。

田村　河村先生、大変にありがとうございました。それではここで10分間休

憩を取りたいと思います。16時40分から岩橋先生からのコメントで再開します。

（休憩）

田村　それでは、40分になりましたので再開したいと思います。まず、岩橋健定先生からコメントをお願いいたします。岩橋先生、よろしくお願いします。

［コメント1］

岩橋健定　弁護士の岩橋でございます。私はもともと行政法の教員をしていたのですが、ちょっといろいろございまして、旧60期の司法修習に行きまして弁護士になっております。諸先輩先生方の多岐にわたるご報告に対して15分でコメントをするというのは大変難しいことではあるのですが、私の理解から重要と考える点につきまして、コメントないし問題提起をさせていただきたいと考えております。

　私のコメントの基本的な考え方を先に総論的に申し上げてしまいますと、①いわゆる要件事実論の基礎的概念である立証責任という考え方は、不確定性もしくは不完全情報の下での社会的意思決定という視点からしますと、心証度が80％もしくは20％のところに線を引いてしまって、それを越えれば白、越えなければ黒という判断をするというものであって、極めて多種多様な動態的な判断によって形成されている行政法現象というものを見ていく基礎概念にするのはいささか不便なのではないかということ、それから、②取消訴訟は、結果としての法状態ではなくて、法状態を変動させる行為に着目するという特質を持っており、それによって再度考慮機能を持たせるということができるという特徴がございますので、この特徴をうまく活用すれば現在の運用よりも国民の権利利益の実効的救済という行政事件訴訟法の理念をよりよく実現することができるのではないかと考えているということ、したがいまして、③主張立証責任によって主要事実を分類整理していくというような静態的な要件事実論というのを、教員の十分な理解や批判的検討なしに法科大学院の教育に導入するとい

うことは、いささか不適切なのではないか。こういうふうにかなりアンチ要件
事実論なわけですが、私はそういうふうに考えているということでございます。
　以下、論点ごとにコメントさせていただきます。

第1　取消訴訟における要件事実・総論について

　まず、取消訴訟における要件事実論の総論的部分なのですが、訴訟物論につ
いては以下の私のコメントとは必ずしも関連いたしませんので省略させていた
だきます。
　そして、取消訴訟における立証責任論については、多くの体系書、教科書、
実務書、さらには論文に至るまで、訴訟物論について軽く触れた上で、次に立
証責任の分配に関する学説を——調査義務説などのような明らかにレベルの違
う議論まで含めて——ただ列挙して、それぞれにコメントを加えた上で自説を
述べる、というのがスタイルとして確立しているように思われます。
　このこと自体は、実は民事訴訟法の論文を読んでいてもそうなので、取り立
てて問題視するようなものではないと思っているのですが、しかしながら、立
証責任の分配に関する学説の対立は、全ての説が広く例外を認めるということ
もあって、具体的な要件事実に対する立証責任の分配の結論とは、ほとんど結
びついておりません。そして、最終的には個別の考慮となって、この個別考慮
の際の考慮要因としては、侵害授益の別ですとか、実体法の定め、法的仕組み、
訴訟上立証上の考慮、憲法秩序、さらには法目的、正義、公平などというもの
が登場するということでございます。
　ですので、つまるところ、立証責任の分配についての総論的な学説というの
は、立証責任の分配についての考慮すべき要因を列挙した上で、そのうちその
論者が重視すべきと考える視点や望ましいと考えている説明の順序をそれぞれ
掲げたものにすぎない、というふうに考えております。
　これだけひどいことを言った上で申し上げるのもなんなのですが、そういう
視点からいたしますと、河村先生のご報告は総論的には権利の性質や制度の性
質などから説き起こすことを相対的に重視される立場であり、村上先生のご報
告は法律の文言や形式を相対的に重視される立場ということになるかと思いま
す。これに対する私の立場は、立証責任論というのは、情報が不十分な中での

社会的意思決定問題の一部ですので、こういう場合には「社会的価値判断を踏まえて誤審による損失を最小化するように定める」というのが社会的に最も合理的であるということになるのですが、この社会的価値判断というのは第一義的には立法者が行うべきものだと考えておりますので、まずは実体法に着目すべきということになります。ですので、あえて二択にするのであれば、村上先生寄りかなというふうに思っております。

ただ、その際に村上先生が――河村先生のものを引用してですが――定式化しておられた「条文の規定形式の文理解釈を念頭に置きつつ、制度趣旨や立証の難易等も勘案して、それによる不都合については他の要素で調整する」という方法は、法解釈というのはこういう方法以外にやり方があるのか？というぐらい全ての法解釈に共通するものだと思いますので、そうしてしまいますと調整の範囲によっては個別具体説や総合説に接近するものであって、それはすなわち総論の成立可能性や解釈上の実益というものに疑問を持たせるものとなるように思っております。

高木先生のご報告では、総論の成立可能性については必ずしも肯定的ではなく、また、実務においても立証責任論は必ずしも重要な機能を果たしているわけではないとの指摘もございますので、結論的には私の理解も高木先生に近いものになるということになります。

もし、取消訴訟における立証責任論総論に解釈上の実益があるのだと思われるご報告者ないし参加者がおられましたら、その点について敷衍していただければと思っております。

第2　取消訴訟における要件事実・各論について

1　裁量処分

次に、各論的な部分ですが、まず裁量処分についての立証責任といった話題について触れさせていただきます。

この点については、近年、それを要件事実論における「評価的要件」として捉えて分析することが行われているということは、高木先生が指摘されたところです。

ただし、この立場には、①裁量権の逸脱濫用という評価を基礎づけたり否定

したりする具体的事実を評価根拠事実・評価障害事実として、それぞれに立証責任を想定する立場と、②評価的要件の中にさらに区別を設けて、民事でいうところの正当事由のように、当該事案における事実関係の総合評価によってその有無を決すべきというものについては、存否が判明した事項はその存否を前提とし、存否が明らかでない事項についてはその明らかでないという状態自体を前提として、それらを総合した事実関係の下で判断する——すなわち立証責任は想定しないでよいのだ——という立場が見られるところかと思います。

　私の考え方としては、行政庁の裁量的判断というのは、それが不完全情報の下で行われる判断であるような場合には、古くから言われている「行政の不定形性」などという言葉があるわけですが、そういうものに照らしますと、後者の、不完全な情報については、4割しか心証のないものは4割、7割しかないものは7割という、そういう状況でそのまま判断するという方法と親和的ではないかと思いますので、私は裁量処分について立証責任を想定するという立場にはいささか疑問を持っております。

　また、評価的要件や抽象的な文言で定められた要件について、それをいくつかに類型化することによって、より具体的な事実によって定められた要件（事実的要件）に具体化するということは、法解釈としてしばしばなされるところであり、また、裁量基準の設定といった営みもそのような具体化の一つであると言うことができると思います。そして、これらの具体化された事実的要件には、それぞれについて立証責任を観念することが可能となります。このような点については近年指摘されているところであり、村上先生も情報公開訴訟についてそのような取組みを紹介されたところでございます。

　このように考えますと、総合評価によるべき要件でなくても、裁量が認められる要件そのものについての立証責任を想定する必要というのは必ずしもございませんし、裁量が認められる要件に係る事実認定について一般的な立証責任の分配ルールを想定するという必要もないということになります。

　ご報告者ないし参加者の中に、「裁量処分についての立証責任」という問題設定の有効性ですとか実益を主張される方がもしおられるのであれば、その点を指摘していただければと考えております。

2　排除措置命令・課徴金納付命令と難民認定

　個別分野でございますが、不確定性の中での社会的意思決定で、私の基本的な視点から注目されるのは、河村先生が各論的分析をしておられる中では、課徴金納付命令と難民認定との対比ということでございます。

　まず、課徴金納付命令について申しますと、河村先生が取り上げられた事案自体は平成3年改正前の課徴金についてのもので、不当な利得の吸収だと説明されていた時代のものでございます。しかし、現在の平成17年改正以降の課徴金というのは、その水準が大きく引き上げられるとともに、違反者に対する加重であるとか早期離脱者に対する軽減なども定められており、正面から違反行為の抑止のための措置であると説明されることが増えております。このため、「違反金」と言われることもありますが、こういうものの納付命令は、客観的な金額として強度な侵害であると同時に、性質的にも社会的非難という側面が否定できなくなっております。雑にいえば、刑事処分に近いということになってくるわけです。

　そうなりますと、誤って処分をしてしまうことの社会的損失と誤って処分をしないことの社会的損失というものを比較しますと、これは類型的に誤って処分をしてしまうことの社会的損失が大きいということになるのではないかと思います。

　そういう場合には、私は違反事実の存在の立証責任を処分庁に負わせるのみならず、その際に必要とされる証明度の引上げということが検討されるべきではないかと考えております。

　これに対して、難民認定については、その要件に照らして、誤って難民と認定することの社会的損失と誤って難民と認定しないことの社会的損失とでは、類型的に、誤って難民と認定することの社会的損失が小さいと言ってよいのではないかと考えております。

　そういたしますと、客観的立証責任が問題となる場合——すなわち、申請者側が合理的に提出可能な資料を全て提出し、これに対して処分庁側が難民条約等の趣旨を踏まえた十分な調査を行い、場合によっては証明度の軽減を行ったにもかかわらず、それによっても、ある評価根拠事実ないし評価障害事実の存否が不明であるという場合——というのが、難民認定をしないという方向の処

理をしてよい場面かどうかについては検討の余地があるように思います。

このような場合には、例えば、心証が50％近くもあるというような場合においては、追加調査を行うこととするとともに、その間の特別在留許可を認めるといったような制度的な対応や、それでもどうしても不明な場合にはむしろ難民認定をするという方向で解決するということを考えるべきではないかと考えております。

このような「誤審の場合の社会的損失」ということを考える立場について、河村先生のご見解をいただければと考えております。

3　情報公開訴訟

最後に、村上先生が扱われた情報公開訴訟です。

情報公開法は、特権付与的なものでもなければ、高度な侵害を行うものでもないという、やや中立的な分野でございまして、また、立法過程においても立証責任について一定の配慮がなされたものとされている分野だと考えております。

そういう分野において、村上先生は「条文を念頭に置きつつ、他の事由も勘案して不都合があれば調整する」といった解釈方法の定式化をされており、私は、それは適切な立場だと考えております。が、しかし、それは意味のある総論自体が困難であるという結論のようにも見えてくるわけでございます。

また、情報公開法について、最高裁判所は、しばしば各条文の「おそれ」という評価的要件について類型ごとに事実的要件の組み合わせに具体化するとともに、そこでの立証責任の配分について述べているということも、村上先生がご紹介された裁判例の中に現れているところでございます。このような類型化は、進むべき方向ではあると思いますが、そうなるとやはり立証責任に関する一般論の可能性ないし実益というのがかなり微妙なものだなというふうに思う次第でございます。

最後に、文書の物理的存在に関連して、取消訴訟における立証責任論に若干の問題提起をしてコメントを終えたいと思います。村上先生のご紹介される文書の物理的存在についての最高裁判所の立場というのは、これは他の分野における文書の存否についての認定でも同じようなことが言われているものであっ

74

て、文書の物理的存在という客観的事実の認定の手法としては確立したものであると言ってよいかと思います。

しかし、最初に申し上げました取消訴訟の特質——再度考慮機能——といったことを考えますと、別の道もあるのではないかと考える次第でございます。すなわち、情報公開訴訟において文書の物理的存在について存否が不明となってしまうという状況を考えますと、これは基本的には文書の不存在についての行政庁側の説明とその裏付けが不十分だということでございますので、そういう場合には十分な根拠なしになされた不開示決定である、もしくは十分な理由付記を欠いた不開示決定であるとして、取消判決を下して再度考慮機能に委ねるということを検討すべきではないかと考える次第でございます。

これは、裁判ではなくて情報公開・個人情報保護審査会でなされた例ですが、ある文書が存在するだろうといって開示請求を——申立人は私なのですが——したところ、処分庁に存在しないと言われた。それに対して、審査会が——これは山田先生の入っておられた合議体ですが——「いや、これはこれこれこういうことを言っているのだから、これれこれこういう書類についてこれこれこういう再調査をしなさい」ということを示唆して、その再調査によって出てきたものを開示させた、ということが事例としてはございました。

このように、取消訴訟の再度考慮機能というものを重視すれば、「いろいろやったけど結局分からなかった」という客観的立証責任が問題となる場面の多くにおいて、いったん取消判決を下して、「もう少しきちんとやりなさいよ」というふうに行政庁に命じるという——結論的には客観的立証責任を行政庁に負わせることになりますが——、そういう方向で行政庁の再度考慮に委ねるという方向はあってしかるべきなのではないかと考えております。

以上です。

田村　岩橋先生、大変にありがとうございました。それでは、山田洋先生からコメントをよろしくお願いいたします。

[コメント２]

　山田洋　獨協大学の山田でございます。相変わらずの岩橋先生のスリリングなお話の後に話すのは甚だ話しにくいわけでありますけれども、少し駄弁を弄させていただきます。

　⑴　行政事件訴訟とりわけ処分取消訴訟において、各報告で述べられましたように、要件事実の立証責任の分配のあり方が、そこでの事実認定の審理を方向づける羅針盤であるということは理論的には私にも理解できなくはないわけです。しかし、当方ははるか大昔に法学教育を受けておりまして、実務修習どころか司法試験も、はるか昔の学生時代に「記念受験」というのをやって落っこちたという記憶しかございません。その後も、裁判実務に触れる機会を持たないまま本日に至っております。
　こうした者から見ますと、本シンポジウムのテーマである行政事件訴訟における立証責任論あるいは要件事実論というのはいかにも理解の難しい、もう少し別な言い方をすると「ピンとこない」テーマと言わざるを得ないわけで、いわば練達の実務家による「匠の技」といったものという印象を免れないというのが本音です。そうした意味ではここで何らかのコメントをしろと言われるのは、ミスキャストという他はないわけで、なんで出てきたかと言われれば、尹先生とのご厚誼に甘えて出てきたとしか言いようがないということになります。

　⑵　とはいうものの、当方も長年にわたりまして法学部において行政救済法の講義を担当しておりまして、とりわけ法科大学院の設立以後はそこにおける講義も担当を余儀なくされ、近年に退職するまで続けてきたということになります。そこでは、主催者のお名前にもある「要件事実教育」というのが基本的な、いわば「信仰事項（クレド）」というような位置づけになっており、それを信じない者は異端者にされかねないという状況が一時はございました。そこで、それらについて何らか対応をする必要性を感じざるを得ないことになります。もっとも、それまでの学部の講義におきましても、当初は一般的なテキストの記述に沿いまして、ごく短時間ではありますけれども、訴訟物だとか立証

責任の項目なども少しは取り上げまして、いわゆる法治主義説と公定力説の対比などについて簡単な説明を試みていたのですけれども、話す教員が分かってないわけですから、民事訴訟法の立証責任もほとんど理解していない学生が理解できるはずもない。ということでいつの間にか講義項目から姿を消していったのが実情です。これは、おそらく当方のみの経験ではなくて、多くの行政法教員が共有する経験ではないかという気もいたしまして、高木先生やら村上先生やらもちらっとそういうことをおっしゃったというので、実は意を強くしているところでございます。

しかし、法科大学院の講義においては、先に述べたような理念論は措くとしましても、講義のバランスから考えても、本案審理のあり方については、相応に取り上げないと不自然だと考えられます。「処分性と原告適格しか論じない」というのが行政法学、あるいは行政法の講義に対する通例の揶揄であり、これは相当程度当たっていると思いますけれども、それに応えるためにも本案審理のあり方、とりわけ訴訟理論の中核とも言えるような、立証責任の理論というのは講じられるべきテーマであると言わざるを得ないと考えられます。これも当方のみならず、当時の多くの教員が感じた、いわば「プレッシャー」であったろうと思います。

(3) ただ、もちろん、その実現は容易ではないわけで、障害は結局のところ、極めて短い時間に、そもそも何を教えたらいいのか、およそ分からないというところでございます。

教えるべき内容の話と時間の話というのは相関関係にあるわけですけれども、まず中身のお話からいたしますと、大前提として、本日の報告それから岩橋先生のコメントでも出てきたわけですけれども、従来の教科書的な取消訴訟の立証責任論というのは要件事実論とは全くレベルを異にするものであって、ここから個別の要件事実の立証責任を演繹するということはおよそ不可能なのだろうと、今日聞いていても思います。したがって、これを法科大学院で講ずるということは、ほとんど意味がないということになるわけですけれども、あえていえば要件事実論というのは、そこで言われていたところの個別具体説あるいは総合説といったものを前提としていると表現することができるのかもしれま

せん。いずれにしても、そこでの立証責任というのは、今日のお話でもたびたび出てきましたように、結局、根拠法たる個別の実体法の精緻な解釈によって決せざるを得ないということになるわけで、本日の各報告におきましても、いくつかの分野についての匠の「技」をご披露いただいたということなのだろうと思います。もちろんある程度までの類型化というのは可能であるし、必要であるわけで、今日もそういうことをやっていただいたわけですけれども、結局は情報公開法におけるように個別の条文の文言や趣旨の解釈が決め手ということになるのだろうと思います。そうなりますと、民法などと異なりまして、無数にある行政法、行政関係の個別法を前提といたしまして、こうした解釈の「技」を教えろと言われても、これは途方に暮れるほかないということになります。

　同様のことを時間の観点から述べましても、要件事実の教育が上に述べたようなものであるとすれば、その「技」の伝授というのは、個別の事例を素材として時間をかけて丁寧にするしかないことになります。民事訴訟法の要件事実についても、仄聞する限りですけれども、司法研修所においてはもちろん、法科大学院におきましても、民法や民事訴訟法についての相応の知識を前提としつつ、相当の時間をかけてなされているはずです。もちろん、法科大学院における行政法とりわけ行政事件訴訟の教育に充てられる時間は極めて限定されています。さらに遺憾ながら、法科大学院生の行政事件訴訟に関する基礎的な知識は、極論すれば皆無に近い。学部において行政法の単位を取得していない学生もたくさんおりますし、単位を取っただけという学生もたくさんいます。したがって、乏しい講義時間の多くはこうした制度に関する基本的な説明に充てざるを得ません。本日の報告の中で、訴訟要件を基礎づける事実の立証責任などというお話も出てまいりましたが、当たり前ですけども、これを原告適格も知らない学生に話しても分かるわけはないわけです。当初は条文の趣旨が理解しやすく、結論も常識的で分かりやすいということから、情報公開法などを素材として何がしかの講義というのを試みていたのですけれども、これも知識として一般化するというには不向きである気もいたしまして、ここでも取消訴訟の立証責任のお話というのはフェードアウトするという結果となります。

　(4)　別なことを申しますと、試験の採点をする立場からは、これ自明のこと
なのですけれども、個別法に規定された処分要件を整理して、それに事例に示
された事実を当てはめるという、そういう作業がそれなりにできるという受験
生は極めて限られます。おそらく要件事実教育の第一歩ということで、そうい
う設問が出されているのだと思いますし、品のないことを申し上げますと受験
技術としても必須であろうというふうには思うわけですけれども、たぶん、こ
うした訓練というのも十分にはできていないのが実情ではないかと思います。
行政法における要件事実教育というものへの道というのは恐ろしく遠いと言わ
ざるを得ないと思います。岩橋先生も不向きだというようなことをおっしゃい
ましたけれども、私もそう思います。

　もっとも、要件事実論自体が法科大学院の教育等に全く無縁であると言うつ
もりもないのももちろんでございまして、各報告においてたびたび言及されま
した評価的要件、あるいは総合評価によるべき要件などといった視点は、当方
には十分咀嚼ができていないわけですけれども、実務的な立証責任のみならず、
裁量論そのものについて、個別法の規定に即した従来とは異なった、場合によ
っては学生にとっても理解しやすい説明方法の創出に道を開くということは、
ひょっとするとあるのではないかと期待しております。その意味では、高木先
生の報告などには強く共感するところでございます。その他にも、要件事実論
的な発想というものは、おそらく行政法学、あるいは行政法教育において様々
な「気づき」といったようなものをもたらす可能性を秘めているものと考えら
れます。

　(5)　以上、極めてハイレベルなご報告に対して個人的な感想の域に止まり、
全くコメントの体をなさないものになってしまいましたけれども、主催者のお
名前も考えまして、こうした側面からの発言を試みさせていただきました。既
に法科大学院教育から解放された立場ではございますが、これも一つの現場で
はあり、「もう一つの現場の声」ということで、ご容赦いただきたいと思いま
す。ありがとうございました。

　田村　山田先生、大変にありがとうございました。それでは、ただいまのコ

メントを受けまして、講師の先生方から何かリプライをしたいということがあるかもしれないと思います。特になければないということで構わないと思いますが、お一人10分弱程度で、あまり時間が取れなくて申し訳ないのですけれども、もしコメント、リプライがあればお願いしたいと思います。それでは高木先生から何かありましたらお願いします。

高木　はい、ありがとうございました。各論が大事であるという点で、意見はほぼ一致していたと思いますので、安心いたしました。よく分からないなと思ったことが分からないのも当然だというふうに皆さん言ってくださったので、私が概説書でいい加減なことを書いたのも根拠があったということを確認できたと思っています。以上です。

田村　ありがとうございました。それでは村上先生、お願いいたします。

村上　まず、岩橋先生のコメントについてです。一般論はあまり意味がないというのは、確かにそういう面はあると思います。もっとも、最初に報告で申し上げたように、考え方の筋道をはっきりさせておくことは必要ではないかとは思っております。

　その他の点につきましては、岩橋先生のコメントに共感するところが多いので、それほど話すことはありませんが、裁量処分については、先ほど申し上げたように、私自身はまだよく分からないところで、果たしてこれが立証責任の問題なのか、私も疑問に思っているところです。

　文書不存在に関して再度考慮機能を働かせるのがよいのではないかという点は、私も全く同感です。実際、皆さんご存知と思いますが、沖縄返還密約訴訟で、一審が処分を取り消したので衝撃が走ったわけですが、あれは要するに国側の調査が不十分なので取り消しただけで、ないものを出せという判決ではなかったんですね。実際、第一審の口頭弁論終結後、国側が調査結果を公表して、その結果、控訴審で請求棄却になったわけで、そういう意味では差戻し的な判決だったのではないかという気がいたします。

　山田先生のコメントにつきましても同感です。私自身、要件事実について非

常に不勉強でした。今回いろいろと検討したのですが、報告で申し上げたように、個人的には結局、民事訴訟法と同じに考えてよいのではないかというのが、私の今のところの結論です。そういう意味でいうと、民事訴訟法などの授業で要件事実教育がされていると思うのですが、それに加えて行政法独自にやる必要はそれほどないのではないかと、今、山田先生のお話を伺いながら考えておりました。要するに民事訴訟法などの授業できちんと要件事実教育を受けていれば、行政法でも十分応用可能ではないか。もちろん行政法特有の問題はありますが、法科大学院の限られた時間内でやるのは無理があるように思います。その点、私は山田先生と同じような感想を持ちました。以上です。

田村　村上先生、ありがとうございます。それでは河村先生、お願いいたします。

河村　山田先生からは、法科大学院の現場の実情といいますか、そういったものを教えていただきました。私ももう大分前ですけれども、上智大学法科大学院に派遣教員として行った経験がありますので、法科大学院の限られた時間の中で、行政法各論の細かい話をするのは大変難しいのだろうなと想像いたしました。そのような意味で、行政法教育に心を砕いて教鞭を取っておられた山田先生のご苦労が大変身に染みて感じられたという次第でございます。

　岩橋先生の極めて理論的なお話に私がどこまで付いていけるかという問題はありますけれども、ご指摘があった点について私なりに申し上げたいと思います。

　1つ目は、課徴金納付命令の現行制度について、証明度の引上げの必要ということにどのように考えるかというお話であったかと思うのですが、証明度の引上げについては考えたことがなかったので、そういう考え方もあるのかと興味深くお話を伺ったんですけれども、実務的には、証明度の軽減が言われることはあっても、その逆方向の証明度の引上げはあまり言われないように思います。実務にとって受け入れやすい方策、考え方としては、いろいろな呼び方があって困るんですが、審理実施必要度（伊藤滋夫先生。伊藤滋夫『事実認定の基礎〔改訂版〕』（有斐閣、2020年）182頁）とか、解明度ないし審理結果の確実性

（太田勝造先生）とか言われる議論を応用することが考えられます。太田勝造先生の『裁判における証明論の基礎』（弘文堂、1982年）112頁には、証明度をグラフの横軸にとって、審理結果の確実性・解明度をその縦軸にとって、両方の線が交錯した領域で、裁判官は確信を得るんだというご説明があり、このご説明は、なるほどと思うんですけれども、その審理結果の確実性のレベルを上げますと、証明度を上げなくても、実際には、その高いところの心証で結論を出すことになるので、そういったやり方はあるのではないかと思います。つまり、証明度を引き上げるというよりは、解明度を引き上げると。これでほぼ間違いないだろうという固いところで心証をとるというやり方もあるのかもしれないと思った次第でありまして、お答えになってないような気もいたしますが、実務的にはそういう対処方法もあるように思います。

　2つ目は、難民不認定処分の取消しの話ですけれども、あらゆる資料を総合考慮しても難民かどうか分からないといったときに、申請を却下するのではなくて、例えば、追加調査を求めて取消訴訟の再度考慮的機能を重視し、難民不認定処分を取り消すというやり方もあるのではないかとのご指摘、つまり、その限りで、立証責任を国側に負わせるという可能性もあるのではないかとのご指摘は、なるほどと思うわけであります。今のところ、私といたしましては、立証責任を逆転させて国側に難民でないということの立証責任を負わせることまでは、考えてないのですけれども、先ほど私の報告でも申し上げました通り、非常に深刻な社会的実態があって、国側に難民でないことの立証責任を負わせることにも合理性があるということであれば、難民性の立証困難性を考慮して、難民でないことについて、国側に立証責任を負わせるという解釈も考え方として十分にありうるのではないかと思っています。

　最後に、非常に難しい話ですが、誤審の社会的コストを比較して、証明度あるいは立証責任を考える見解についてどう思うかという難問なのですけども、私は、太田勝造先生のファンなので、そういう考え方には、非常に親近感があるといいますか、私自身のベースにある考え方でありまして、その通りだと思うという回答になるのであります。例えば、実務でDV防止法のDVの事実認定の問題がありますが、これを例にとりますと、この事実認定の誤判のリスクは、①DVが実際にはないのにあると判断してしまう不利益、申請人側が妻

だといたしますと、夫が退去命令を出されて家からすぐに退去しなければならない不利益があると。一方で、②申請人の妻は、これまでDVを受けてきたのに、裁判所が誤ってDVが実際にはあるのにないと判断してしまい、申請を却下してしまって、このことから生ずる不利益、これは、申請人側である妻の不利益ということになります。それでは、社会的なコストはどちらの誤りの方が大きいかというと、それは、おそらく妻側、つまりDVが実際にはあるのにないと看過して判断してしまった不利益（上記②の不利益）であり、このリスクは、社会的に見て極めて大きいと考えられます。この誤りを避けようとしますと、DVがあったのか、なかったのか分からないような状態では、直ちに申請を却下しないで、もう少し審理を工夫して続けてみるという話になってまいりまして、それを証明度の軽減というのか、あるいは、別の方策（解明度の引上げ）なのかは別にいたしまして、実務的には、そのような対応が可能ではないかと思います。これは、DVの事件を担当していますと、そのように感じることがございます。

　上記のように誤審の社会的コストを比較して立証責任を考える見解と、私が報告で申し上げました「裁判規範としての民法」説、つまり、制度趣旨を重視する考え方との関係いかんということになるんですが、岩橋先生の方でお示しいただいた筋道として、社会的コストの最小化や誤審によるコストの最小化は、基本的に立法者が判断すべきであるので、立法者意思やその立法者意思の体現である条文の文言を重視するという方向にどちらかといえば親近性があるというお話だったと理解したのですが、確かに、そのこと自体は私もその通りだと思います。ただ、立法者の立法者意思がはっきりとは分からないというケースも結構あるので、そういったときに合理的な解釈で制度趣旨を補充して考える場合には、私の申し上げている「裁判規範としての民法」説と岩橋先生の上記のお考えとは、それほど違わないんじゃないかと思います。そのような意味では、社会的コストの最小化という考え方と「裁判規範としての民法」説、制度趣旨を重視する考え方とは、必ずしも相反するものではないという印象を持った次第ですので、そのようにお答えをさせていただきたいと思います。

　以上であります。

田村　河村先生、ありがとうございました。コメンテーターの先生方は、特に今、講師の先生方がおっしゃったことに関してはよろしいでしょうか。特にご意見などがないということであれば、それでは質疑応答に入っていきたいと思います。

　ご質問のある方は、ミュートを外していただいてご発言をいただければと思います。どなたに対する質問で、ご所属等をおっしゃっていただければと思います。それではお願いいたします。

　［質疑応答］

野坂佳生　弁護士の野坂と申します。今日は大変勉強させていただきまして、ご講演者の皆様、ありがとうございました。私は今年の3月まで金沢大学の法科大学院の方で実務家専任教員をやっておりまして、いわゆる要件事実論、民事訴訟実務基礎という科目を担当しておりました。実務家としては福井県の顧問弁護士をやっておりまして、手持ち事件のかなりの部分が行政訴訟の被告側代理ということもありましたので、2コマ15時間の授業の中の最後の1時間を「行政訴訟における要件事実」に割り当てていたのですが、当時は河村先生のご著書もまだ出ておりませんでしたし、本日ご報告いただきました村上先生のご著書も出ておりませんでしたので、参考にする文献等がなく実務経験だけでやっていたので非常に苦労した記憶がございます。

　行政訴訟の場合には、今日ご講演者の皆様が共通しておっしゃっておりましたけれども、実体要件の中に評価的要件が非常に多いという特殊性は民事訴訟一般と比べればあるのだろうと思いますが、民事訴訟一般の要件事実論においては、一般的・外形的な事情を規範的要件あるいは評価的要件の評価根拠事実に振り分けて、このケースにおいてはこういう事情があるんだという個別具体的な事情を評価障害事実に振り分けるという考え方があると思います。

　例えば、民法110条の「正当な理由」という評価的要件についていうと、代理人と称する者が本人の実印と印鑑証明書を持ってきている場合に、一般的・外形的にいえば本人が代理権を授与していると信じていいでしょうということで、このような一般的・外形的あるいは類型的な事情を正当理由の評価根拠事

実に振り分けて、一般的にはそうかもしれないけども、例えば自称代理人が本人の同居の親族だというような個別具体的な事情があれば、いくらでも実印を持ち出せるでしょうということで評価障害事実に振り分けるというような考え方があるかと思います。行政訴訟においても、例えば住民訴訟においては、政務調査費、今は政務活動費ですかね、その使い道が使途基準違反であるという主張が原告側からなされているときに、判例によれば、原告住民側は使途基準違反であるということを基礎づける一般的・外形的な事実だけを立証すればよろしいと。具体例でいうと、政務調査費を使ってヨーロッパの美術館を視察に行った事案で、配偶者を同伴していたら一般的・外形的にいえば観光旅行でしょうということで、配偶者を同伴していても、この視察においてはこういうことをやってきているので使途基準に合致しているんだというような個別具体的事情は被告行政側が主張立証するというようなことが、少なくともある類型の行政訴訟においてはあるのかなと思っています。また、今日、村上先生からご報告いただいた情報公開における「おそれ」という評価的要件についても、レジュメの8頁（本書111頁）の冒頭のところを拝見しますと、「おそれ」を基礎づける一般的・類型的事実を立証すれば足りるという裁判例が紹介されております。村上先生は「立証の程度により調整」と整理されておられますけれども、考え方によっては、「おそれ」という評価的要件を基礎づける一般的・類型的な事実を評価根拠事実として被告行政側が主張立証すればよいというふうにこの判例を理解することもできないわけではないのかなというふうに思っています。

　よく分からないのは、これを取消訴訟一般にまで広げていいのかということで、私の金沢大学ロースクールの授業を行政法の研究者教員の方が見学に来られていた時に、それは住民訴訟のような場合には当てはまる考え方かもしれないけれども取消訴訟一般についてまで広げるのはちょっと無理があるのではないかという感想を言われたことがあります。取消訴訟において被告行政側に裁量権の逸脱濫用があったということは原告側が主張立証すべきだとして、裁量権の逸脱濫用という規範的評価を基礎づける一般的類型的な事実を原告側は主張立証すればいいんだと一般的に言っていいのかどうかということが、当時から分からなかったし、今でもよく分からないんですね。

　この点について、どなたにお答えいただくかを指定してくださいというお話だったので、とりあえず村上先生のご意見をお聞きできればと思いますが、弁護士としては、やはり裁判官がどのようにお考えになるのかということが非常に気になるので、もし時間的に可能であれば河村裁判官のご見解もお聞きできればと思います。よろしくお願い申し上げます。

　田村　それではまず村上先生からお願いいたします。

　村上　ご質問、ありがとうございました。私も全く同じような感じです。まずレジュメ8頁（本書111頁）のところで、一般的類型的なおそれを立証すればよいとあります。これは被告側の立証の程度はこの程度でいいという趣旨で、レジュメ5頁の真ん中辺りの＊印の2番目（本書106頁下から7行目）の立証責任の考え方にかかわらず、というところに当たります。一般的類型的におそれがあることが被告によって立証されたときは、原告側で逸脱濫用があることを立証する必要があるとされております。これを仮に評価根拠事実と評価障害事実と理解すると、先ほどのご質問のような理解になりうると思います。
　それから、これを一般化できるかという話ですが、その点はよく分からないところです。確かに国家安全情報や公共安全情報については、こういった裁判例がありますし、それなりに妥当かなと思います。ただ先ほどお話ししたように、あまりに被告側の主張立証の程度を低くしてしまうと、それはそれで問題ではないかと思いますが、考え方としては成り立ちうると思います。これを裁量処分一般にどこまで当てはめることができるかについては、やはり慎重に考える必要があって、個別事案ごとに、裁量が広いのか狭いのか、立証の困難がどの程度あるのか、きちんと考えて使う必要があります。これを一般論として振りかざすのは、ご指摘の通り問題ではないかと思います。とりあえず以上です。

　田村　河村先生、お願いいたします。

　河村　ご質問、ありがとうございます。私にもよく分からないのですけれど

も、確かに一般的外形的な事実に対して、そのケース特有の事情が、根拠と障害とで対応することはありうると思うのですが、それに尽きるかと言われますと、それは、事案によるのではないかという感じも受けております。例えば、いわゆる日光太郎杉事件（東京高判昭和48・7・13行集24巻6＝7号533頁）ですと、一般的に交通量が増えるだろうということで、道路の拡幅をする必要があるという国側の主張に対して、いやこのケースでは、当時の東京五輪で臨時の交通量が増えるにすぎないんだといった他事考慮のようなものは、障害的な事実（裁量権の逸脱または濫用を基礎づける事実）になるというように考えて、その外形的事実とこの事案に特有な事情とを対比させるということはありうるだろうと思うのですが（拙著『行政事件における要件事実と訴訟実務』（中央経済社、2020年）283〜284頁参照）、そうではない類型が何かあるような感じはいたしまして、根拠と障害が外形的事実と事案特有の事情の組み合わせに尽きるかどうかというのは、ちょっと今の時点ではなんとも言えないように思います。

　ただ、上記の通り、おっしゃっておられるような考え方を取消訴訟に当てはめて、うまく説明ができる例はあるのではないかと思うところであります。すみません、今は、この程度しかお答えができません。

　野坂　ありがとうございました。大変参考になりました。

　田村　ありがとうございました。それでは他に質問がございましたら、ミュートを外して質問していただければと思います。

　つい先ほどZoomのチャットで、湯川先生でいらっしゃいますでしょうか、感想的意見ということではありますが、お寄せいただきましたので、もしよろしければ湯川先生にチャットでお書きいただいたことをご発言いただいた上で、敷衍してご発言くだされ"ばありがたいと思います。

　湯川二朗　湯川です。私は本務は弁護士で10年間ほど法科大学院で行政法教育に関わっていましたが、弁護士からすると、行政訴訟における要件事実論は、行政訴訟の公益性や職権証拠調べの規定もあることからすれば、立証責任に重点を置いた裁判規範（事実の証明がされないときにどちらの当事者が不利益を負う

か）ではなく、訴訟における行為規範（どちらの当事者が主張立証すべきか）として考えられるべきではないか。さらにいえば、行政訴訟の公益性や職権証拠調べの規定の存在を考えれば、当事者および裁判所（その中でも主として裁判所）が協働して、当該事案における要件事実（要証事実）が何であるかを明らかにして当事者に示した上で、どちらが何を主張立証すべきかを提示し、当事者の立証活動からでも明らかにならない事実は裁判所が職権証拠調べを行うというのがあるべき行政訴訟の姿と考えられるのではないでしょうか。

　他方、法科大学院の行政法教育で要件事実論が有意義なのは、違法性の承継論の説明（あと、主張の追加差替え）のみではないでしょうか。

　もっとも、司法試験問題では、問題文の中の具体的事実の中から、違法説の立場から裁量逸脱濫用を基礎づける事実や、適法説の立場から逸脱濫用を否定する事実を整理することが問われることがありますが、これは要件事実論の視点からの切り分けであり、そういう視点からの教育が求められているということは言えるのではないでしょうか。また、個別法規の条文の解釈が問われている問題でも、要件事実の視点から解釈することが求められることがあるように思います。

　やはり、行政訴訟では、行為規範としての立証責任が重要で、訴訟において原告側・被告側がそれぞれ何について主張立証活動を行っていくのか、その道筋を示すということが大切かなと思いました。原告・被告それぞれお互いに思いがあってその中で訴訟活動をやってるわけですが、それを裁判所がある程度の時点でご覧になられて、この点についての要証事実、立証命題はこの点でしょうというのを裁判所がお示しになられて、それを認める方向の事実については原告さん、否定する方向の事実は被告さんが、それぞれ主張立証してくださいとご指示いただいて、どうしてもそれぞれ立証できない部分は、裁判所が職権で証拠調べしましょうというふうにやっていただけると嬉しいな、というのが原告側の代理人としての弁護士からの感想でございます。どうもありがとうございました。

　田村　ありがとうございます。特に湯川先生のご意見に対して何かございますでしょうか。よろしいでしょうか。それでは他にご質問がある方はミュート

を外して、お話しいただければと思います。特にないようであれば、これで終了ということにしたいと思いますがよろしいでしょうか。

　それでは最後に島田新一郎創価大学法科大学院研究科長より閉会の挨拶をいただきたいと思います。よろしくお願いします。

　［閉会の挨拶］

　島田新一郎　法科大学院の研究科長を務めております島田新一郎でございます。本日はご多忙の中、多数の研究者・実務家の先生方がこの講演会にご参加くださったことに、心より御礼申し上げたいと思います。本当にありがとうございました。また法科大学院生の皆さんも長時間、本当にご苦労様でした。コロナの感染も現在は収束しており、対面での講演会開催も可能な状況にはあると思いますけども、このように多くの先生方がご出席くださったことに鑑みますと、オンラインで開催したことにも大きな意義があったというふうに感じている次第です。

　本日は、講演者として、研究者として京都大学名誉教授の高木光先生、成城大学教授の村上裕章先生を、また実務家としては東京高裁判事の河村浩先生、コメンテーターとしては獨協大学教授の山田洋先生、また弁護士の岩橋健定先生という、いずれも大変ご高名な先生方をお迎えして、このように充実した素晴らしい講演会を開催できましたことは、創価大学法科大学院にとって大変名誉なことであり、また研究科長として、これ以上うれしいことはございません。

　ご担当くださいました先生方に、衷心より御礼を申し上げたいと思います。本当にありがとうございました。

　本日の講演会の内容については、来年の３月に、要件事実教育研究所の第20番目の所報として、日本評論社から刊行される予定になっておりますので、その点もご案内をさせていただきます。

　本日の主題である「行政訴訟と要件事実」という事柄は、行政法の分野でいえばこれまでほとんど議論がされてこなかったのだろうというふうに思っています。私自身も実務家教員を名乗りつつ、法科大学院において、尹龍澤教授と共同して行政法の演習授業を担当しているわけですけれども、河村浩先生が、

今年の6月に刊行されました『行政事件における要件事実と訴訟実務』は、つい最近になってから読み始めたということを自白させていただきます。

　ただ実際の授業でやっているところでは、この要件事実の視点が、個別行政法を見ながら何が処分要件なのかということを分析検討する上では非常に役に立っている概念であることはたぶん間違いないのではないかというふうに思っておりまして、そういう意味でこの要件事実論を、しっかりある程度踏まえた形の授業をやるというのも、決して無駄なことではないのではないかと思っているところでございます。

　ともあれ、本日、この行政訴訟と要件事実という分野について、これだけ充実した内容で講演がなされ、また議論が行われたことについては、我が国の行政法分野の研究と実務の発展に、大きな影響を与える一つの契機となるものと確信しております。

　最後に今後とも、要件事実教育研究所の活動に、ご理解とご協力をいただきますよう心よりお願い申し上げまして、簡単ではございますが、閉会の挨拶とさせていただきます。本日は、本当にありがとうございました。

　田村　島田先生、ありがとうございました。皆様、本日は大変に長時間にわたりありがとうございました。それでは退室されて結構です。本当にありがとうございました。

講演レジュメ

高木　　光

村上　裕章

河村　　浩

講演1レジュメ

行政関係訴訟における要件事実論の意義

高木　光

1　はじめに

　本報告は、行政法研究者の立場から、行政関係訴訟における要件事実論の意義について若干の考察を加えることを目的とする。

　筆者は、研究者としては、長年にわたって行政訴訟という領域を第一の問題関心とし[1]、また、できる限り「判例との対話」を心がけてきた[2]ものの、行政訴訟における「訴訟物」や「立証責任」にはあまり関心を持ってこなかった[3]、というのが正直なところである。そこで、本日の第一報告を引き受けたのは、主として、尹龍澤教授の長年のご厚誼に報いるためであり、内容的には、この1年足らずの間の「にわか勉強」[4]に依拠するものであるため、不十分な検討

1―「高木光先生経歴・著作目録および筆者コメント」大橋洋一＝仲野武志編『法執行システムと行政訴訟（高木退職記念）』（弘文堂、2020年）382頁。

2―高木光『法治行政論』（弘文堂、2018年）はしがきⅰ頁。

3―高木光『行政法』（有斐閣、2015年）UNIT30参照。取消訴訟の訴訟物論については「何のための議論か必ずしも明確でないこともあり、さしあたりは深入りしない方が無難であろう。」とコメントし、立証責任については全く触れていない。学部講義8単位分をカバーするために、通常の概説書が2冊であるのに対し、同書は1冊であるためという事情がある。

　なお、藤田宙靖『行政法総論下』（青林書院、2020年）138頁は、〈現行の行政事件訴訟法の下では、例えば先に見たように、当事者の提出する証拠のみでは心証形成に不十分であると思われるとき、裁判官には職権証拠調べが許されるのであるから、民事訴訟の場合に比して、立証責任の所在の問題が決め手になる、という場面は本来少ないのである。〉と指摘している。

　また、西川知一郎編著『行政関係訴訟〔改訂版〕』（青林書院、2021年）134頁［石田明彦執筆］も、〈行政訴訟実務において、立証責任が本来的な意味で機能することはほとんどないといって差し支えない。〉と述べている。

に基づく「感想」に過ぎないものであることを「先行自白」せざるを得ないことを最初にお断りしておきたい。

　本報告は大きく分けて2つの部分からなる。前半部分は、行政関係訴訟における「実体法」という概念についての理論的な考察である。行政関係訴訟における「実体法」という言葉に接するとき、私のような世代の研究者には、小早川光郎教授の初期の論稿[5]が想起されるところであろう。そこで、戦後ドイツの行政訴訟観の基本である「行政訴訟と民事訴訟の同質性」、そしてドイツ特有の「公権論」ないしその発展形態としての「基本権論」を、わが国でどの程度「継受」された理論として前提としうるのかが問題となる。

　後半部分は、「理論と実務の架橋」という観点からの、行政関係訴訟における要件事実論の成果と課題についての指摘である。筆者の「にわか勉強」から得られた印象によれば、実務の側からの理論への寄与という方向では、要件事実論のこれまでの最大の成果は、評価的要件の「発見」により、違法性論ないし裁量論を飛躍的に進化させたことであろう。他方で、行政関係訴訟の最前線である地方裁判所レベルでは、「規範―事実―証拠」という構造化が不十分となりがちであるという課題が残っており、理論の側からの実務への寄与という方向では、要件事実論の最大の意義は、「規範の分節化」によって「審理の迷走」を防止することに求められるのではないかと思われる。

2　行政関係訴訟における「実体法」の概念

(1)　行政訴訟における「実体法」の観念

　河村浩裁判官によれば、「裁判規範としての民法説」[6]は、事実認定の視点を実体法の解釈に取り込んだものであり[7]、これを抗告訴訟に適用したのが「侵害処分・授益処分説」である[8]。

4　筆者は司法試験には合格したが、31期修習生の内定を辞退して研究者の道を選んだため、要件事実教育を受ける機会を失した。また、2005～2007年の弁護士登録に際しては「大学教授等の弁護士資格特例」を利用した。
5　小早川光郎「取消訴訟における実体法の観念(1)」国家学会雑誌86巻3＝4号（1973年）108頁。取消訴訟の背後に、結果除去請求権という実体法上の権利ないし請求権を観念するドイツの学説を分析紹介したもの。後に、加筆修正のうえ、同『行政訴訟の構造分析』（東京大学出版会、1983年）に所収。
6　伊藤滋夫編『環境法の要件事実』（日本評論社、2009年）80頁、89頁［伊藤滋夫］。

　筆者の理解によれば、ドイツ民事法学の基本構造は、「実体法と訴訟法の峻別」「給付、確認、形成の訴訟三類型」「私的自治＝当事者対等の理念」という3つの要素を前提としている。そこで、理論的な関心からは、行政関係訴訟についても、同様の基本構造を想定すべきかが気になるところである。

　この点、戦後のドイツにおいては、「行政訴訟と民事訴訟の同質性」を強調し、行政訴訟の背後に、私人の国・公共団体に対する「実体法上の請求権」を想定する傾向が認められた[9]ところである。すなわち、取消訴訟は、訴訟技術的には形成訴訟となっているが、その背後には実体法上の権利が侵害された場合に発生する「結果除去請求権」が観念できる、というような説明である。

　他方で、わが国の行政事件訴訟法が採用している「抗告訴訟と当事者訴訟の区別」は、「行政訴訟と民事訴訟の異質性」を指摘する立場を「継受」したものであり[10]、行政訴訟制度改革を経た後も、義務付け訴訟・差止訴訟の性質についての「形成訴訟説」が有力とされる[11]ことにみられるように、その影響力は失われていない。

　そこで、「裁判規範としての民法説」ないし「侵害処分・授益処分説」が、仮に「行政訴訟と民事訴訟の同質性」という理論的立場を不可欠の前提とするのであれば、規制が不十分であるとして第三者が提起する取消訴訟[12]や、規

7―河村浩『行政事件における要件事実と訴訟実務』（中央経済社、2021年）17頁注16。

8―同153頁。
　　研究者が執筆した代表的な概説書として、塩野宏『行政法Ⅱ〔第6版〕』（有斐閣、2019年）170～176頁、宇賀克也『行政法概説〔第6版〕』（有斐閣、2018年）238～244頁、大橋洋一『行政法Ⅱ〔第3版〕』（有斐閣、2018年）143～149頁参照。
　　これらの整理によれば、「適法性推定説」と「法治行政説」という両極端の中間に「法律要件分類説」「憲法秩序帰納説（侵害処分・授益処分説）ないし（二分説）（基本権説）」「個別検討説」が位置づけられ、さらに「調査義務説」があるということになろう。伊藤編・前掲注6・20頁［尹龍澤発言］。
　　また、山本隆司『判例から探求する行政法』（有斐閣、2012年）238頁は、〈処分の根拠規範・規制規範という意味の「行政実体法」（広義）を基準に配分するしかない。〉としている。

9―簡単には、高木・前掲注2・26頁。詳細な分析として、山本隆司『行政上の主観法と法関係』（有斐閣、2000年）。

10―メンガー＝雄川理論の意義について、高木光『行政訴訟論』（有斐閣、2005年）143頁以下（初出・1990年）。

11―高木・前掲注2・30頁。「平成16年行訴法改正下でも、第一次的判断権尊重論は維持されている。」と指摘するものとして、河村・前掲注7・158頁。

12―原子炉設置許可は周辺住民に対する「侵害処分」であると説明すべきかという論点について、理論上は、ドイツにおける「侵害概念の拡張」および「基本権保護義務」の議論が想起される。高木・前掲注10・218頁以下（初出・2004年）参照。

制権限の行使を求める義務付け訴訟の背後に「行政介入請求権」を観念するなど、ドイツ公権論ないしその発展形態である基本権論を現状以上に受け入れる必要があるのではないか、という疑問が残るところである。

(2)　「行政関係訴訟」と広義に捉える必要性

河村浩裁判官は、最近の著書で、行政事件・行政訴訟を広義に捉え、行政事件訴訟法の４つの訴訟類型のうち機関訴訟を除外した、抗告訴訟・当事者訴訟・民衆訴訟に加えて、争点訴訟と国家賠償法１条１項に基づく国家賠償請求訴訟を扱うことが、実務における要件事実の分析にとって必要である[13]とされている。

そこで、研究者の立場から要件事実論への寄与をなすためには、このような広義の「行政関連訴訟」について、「実体法の法律要件に関する原則・例外構造や相補的な相関的構造といった規範構造を分析」するという意識[14]を持つことが要請されることになろう。

さて、上記のように広義に捉えた場合に、理論的見地から気になるのは、民衆訴訟の特殊性である。

すなわち、行政事件訴訟法における民衆訴訟は、「国又は公共団体の機関の法規に適合しない行為の是正を求める訴訟」と定義されているように、理論上の「客観訴訟」と性格づけられている。したがって、民衆訴訟は民事訴訟とは「異質」のものであり、実体法上の請求権の実現のための訴訟ではない、と説明するほかない。そこで、民衆訴訟においては、規範の「構造化」において、「機関」の行為の違法性についての裁判所の判断が的確になされるような配慮が必要であり、また、「違法性」の立証責任についてもそれぞれの民衆訴訟の「制度趣旨」に応じた分配が要請されると思われる。

13—河村・前掲注７・３頁。
14—この点、筆者は近年依頼に応じて意見書を執筆することが増えていたが、本報告の依頼を受けたことで、上記のような意識を持つ必要性に（はじめて）気付いたことをありがたく感じている。

3　要件事実論の成果と課題

(1)　評価的要件の「発見」

　実務の側からの理論への寄与という方向では、「要件事実論」のこれまで最大の成果は、評価的要件の「発見」により違法性論ないし裁量論[15]を飛躍的に深化させたことではないかと思われる。

　この点は、巽智彦教授の一連の論稿[16]で明らかにされているところであり、このような論稿に接することができるようになったことを、ロースクール創設期からの苦労を経験した者のひとりとして素直に喜びたい。

　さて、ここで、筆者が意見書依頼を受けて訴訟資料を瞥見した最近の3つの事例を簡単に紹介することにしたい。

　事例1　建設会社業務停止事件（取消訴訟＋国家賠償法1条に基づく損害賠償）

　　　　　特定商取引法8条1項に基づく業務停止処分

　　　　　「主務大臣は、……役務提供業者が第3条、第3条の2第2項若しくは第4条から第6条までの規定に違反し……た場合において」

　　　　　「……役務の提供を受ける者の利益が著しく害されるおそれがあるとき」

　　　　　事前の弁明の機会の付与の際に、通知において示された「不利益処分の原因となる事実」の記載が概括的であることが手続的違法にあたるか。

　事例2　新市庁舎計画見直し事件（住民訴訟4号請求）

15―理論上は、不確定概念をめぐるドイツ理論の再考が課題となろう。たとえば、森林法10条の2「土砂の流出その他の災害を発生させるおそれがあること」と原子炉等規制法43条の3の6「災害の防止上支障のないものとして原子力規制委員会規則で定める基準に適合するものであること」は、いずれも不確定概念を用いているが、裁量の有無・広狭の違いをどのように理解するかは依然として難問であろう。ちなみに、伊藤編・前掲注6・71頁、168頁［河村浩］は、「予防原則」の考え方を主張立証責任の分配に反映させることに肯定的である。

16―巽智彦「公法関係訴訟における事実認定について――憲法訴訟を端緒として」成蹊法学85号（2016年）107頁、「事実認定論からみた行政裁量論――裁量審理の構造に関する覚え書き」成蹊法学87号（2017年）97頁、「憲法関係の訴訟における事案の解明」伊藤滋夫編『憲法と要件事実』（日本評論社、2020年）102頁など。

　請負契約の解除＋事業者に対する損害賠償支払い

　市長選挙の結果を踏まえて新庁舎建設計画を見直すことは許される
　　か。

　地方自治法138条の2「普通地方公共団体の執行機関は、……
　　当該普通地方公共団体の事務を、……誠実に管理し執行する義務
　　を負う。」

　地方財政法4条1項「地方公共団体の経費は、その目的を達するた
　　めの必要最小限度を超えて、これを支出してはならない。」

事例3　県有土地明渡訴訟

　行政財産の使用許可更新拒絶に対し、民事訴訟の抗弁として、

　普通財産の貸付関係を主張

　地方自治法238条3項「公有財産は、これを行政財産と普通財産と
　　に分類する。」

　4項「行政財産とは、普通地方公共団体において公用又は公共用に
　　供し、又は供することと決定した財産をいい、普通財産とは、行
　　政財産以外の一切の公有財産をいう。」

　以上の3つの事例のいずれにおいても、規範を「構造化」（ないし「分節化」）
し、どの部分が「事実的要件」あるいは「評価的要件」なのか、行政機関の判
断のどの部分にどの程度の「裁量」が認められるのかという検討が重要である
ことが裏付けられよう。

(2) 「審理の迷走」の防止

　理論の側からの実務への寄与という方向では、現状では多くの課題が残って
いると思われる。

　第1に、研究者の側の課題として、要件事実論がどのようなもので、何を目
指しているのかということについての理解を広める必要があろう。筆者自身の
ことを振り返ってみても、未解明の分野で日々格闘されている訴訟代理人およ
び裁判官の方々のご苦労を十分に理解する意欲・能力に欠けていたことは否定

しがたい。

　第2に、行政関係訴訟の難しさとして、実体法の「細分化」が指摘できる。すなわち、個別行政法規が定める制度は、行政課題の拡大および行政組織の複雑化と相まって、多種多様なものとなっている。そこで、紛争の適切な処理のために、「要件─効果」という規範構造の理解自体から始めなければならないことも多いが、そのための情報そのものが、行政側に偏っている場合も少なくない[17]。そして、敗訴を避けようとする行政側が、自己に都合の悪い情報の提出を控え、場合によっては、「官僚の屁理屈」によって裁判官をケムに巻こうとすることもあるのである。

　第3に、以上のような状況のもとで、行政関係訴訟の最前線である地方裁判所では、「裁判所は法を知る」という格言が疑問とされるべき事態が生じることも多いと推測される。

　この点は、憲法訴訟や環境訴訟について巽教授がすでに以下のように指摘されていた[18]。

　〈必ずしも裁判所が要件事実の設定について明確な拠り所を見出すことができない状況にある、これが憲法関係の訴訟の審理に関しては私の見るところ一番大きな問題です。〉

　〈環境訴訟ですとか、……同じように、要件事実が不確定なまま審理をしているのではないか。〉

　そして、筆者も、上記の事例に関与する過程で、同様の印象を得たところである。

　かくして、今後も、「要件事実論」の最大の意義は、「審理の迷走」を防止する[19]ことに求められると思われる。すなわち、研究者は、「規範の構造化」という部分で役割を果たすことが可能であり、むしろそれが期待されているのではないであろうか。

17—高木・前掲注2に収録した論稿の多くは依頼に応じて執筆した意見書をもとにしたものであるが、そのうちの相当数は、筆者にとっても「初見」の個別行政法規がかかわるものであった。
18—伊藤編・前掲注16・10頁［巽発言］。なお、同26頁で、巽教授は、〈ドイツでは、法問題の主張立証に近しいことを実務としてやっている。〉と指摘されている。
19—伊藤滋夫編『商事法の要件事実』（日本評論社、2015年）142頁［大杉謙一執筆］は、「早期に争点を整理し、審理の目標を明確にして、迅速かつ妥当で効率的な審理・判断を実現するという機能を有する」と指摘している。

4　おわりに

　河村浩裁判官によれば、〈実務において、行政法の三大アポリア（解決困難な課題）は、原告適格、裁量処分、財務会計行為（住民訴訟）である、といわれることがある。〉とのことである。この3つの論点は、いずれも「総論」に属するものであることは確かであり、行政法の概説書でも当然取り上げられているが、実務で問題となるのは、「各論」である[20]ことを忘れてはならない。

　「神は細部に宿る」という格言[21]にあるように、個別行政法規に即して、「制度趣旨」を考えること、すなわち、「参照領域理論」的な発想が不可欠であること、したがって、「汎用理論志向」と「類型論志向」のバランスが要請されることは確かであろう。

　この要請に応えるために、理論をリスペクトする実務家と、実務家の苦労を理解する研究者の協働が今後より一層進められることを期待して、結びとしたい。

20—西川編著・前掲注3・126頁［石田明彦執筆］は、次のように、もっぱら個別行政法規に着目する立場を示している。
　〈取消訴訟における要件事実は、当該訴訟の対象とされた処分につき、その適法要件として定められた個々の事実になる。〉
　〈このように、抗告訴訟における要件事実は、当該訴訟において問題とされた処分について定めた実定法の定めによって決せられる。〉
　〈抗告訴訟の主要事実は、処分の根拠法規の定めによって決せられることとなる。〉
21—河村・前掲注7・はしがきⅷ頁。

講演2レジュメ

情報公開訴訟における要件事実と立証責任

村上裕章

はじめに

　情報公開訴訟を素材として行政訴訟における要件事実と立証責任を検討する

　情報公開訴訟＝情報公開制度による開示請求に関わる訴訟

　取消訴訟、無効等確認訴訟、不作為の違法確認訴訟、（申請型）義務付け訴訟、差止訴訟、国家賠償訴訟などが考えられるが、不開示決定取消訴訟を主に念頭におく

　個人情報の本人開示請求に係る訴訟も検討対象に含める

Ⅰ　取消訴訟における立証責任[1]（概要）

1　一般論

　①公定力説＝行政行為には公定力があり、適法性が推定されるから、常に原告が負う

　②法律要件分類説＝根拠法令の条文の文言・形式を基準とする

　③権利性質説（侵害処分・授益処分説、権利制限・拡張区分説、二分説、憲法秩序帰納説）＝国民の自由を制限し、国民に義務を課す処分は被告、国民の権利・利益領域を拡張する処分は原告が負う

---

[1]―最近の整理として、宇賀克也『行政法概説Ⅱ〔第7版〕』（有斐閣、2021年）249頁以下、河村浩『行政事件における要件事実と訴訟実務』（中央経済社、2021年）149頁以下、塩野宏『行政法Ⅱ〔第6版〕』（有斐閣、2019年）170頁以下など。

④個別具体説（個別説）＝当事者間の公平、事案の性質、事物に対する立証の難易等により個別具体的に判断する

⑤調査義務（反映）説＝被告が行政庁の調査義務の範囲内で立証責任を負う

⑥総合説[2]＝④によりつつ③の考え方も考慮に入れるもの[3]、③を基本に④も考慮するもの[4]、③を基本に②や④も考慮するもの[5]、④を基本に②や③を考慮するもの[6]など

＊下級審裁判例は②が多いとされていた[7]が、近年の実務家の著作は③[8]や⑥[9]によるものが多い[10]

2　裁量処分

一般に原告とされる[11]が、一定範囲で被告が負う[12]、一般の処分と同じ[13]

2—「総合説」という名称は、河村・前掲注1・151頁による。

3—塩野・前掲注1・173頁以下。

4—藤田宙靖『新版行政法総論（下）』（青林書院、2020年）136頁以下は、これが「現在の学説におけるおそらく最大公約数的な結論である、ということになろう。」と述べる。

5—司法研修所編『改訂行政事件訴訟の一般的問題に関する実務的研究』（法曹会、2000年）172頁、高橋滋ほか編『条解行政事件訴訟法〔第4版〕』（弘文堂、2014年）245頁［鶴岡稔彦］。

6—西川知一郎編『行政関係訴訟〔改訂版〕』（青林書院、2021年）128頁［石田明彦］。

7—最高裁判所事務総局編『行政事件訴訟十年史』（法曹会、1961年）152頁、同編『続行政事件訴訟十年史』（法曹会、1972年）213頁、同編『続々行政事件訴訟十年史（上）』（法曹会、1981年）167頁。大江忠『ゼミナール要件事実』（第一法規、2003年）407頁以下、斎藤浩『行政訴訟の実務と理論〔第2版〕』（三省堂、2019年）342頁以下は、（新たな）法律要件分類説をとるとするが、実質的には総合説に近いように思われる。

8—藤山雅行「行政訴訟の審理のあり方と立証責任」藤山雅行＝村田斉志編『新・裁判実務大系25行政争訟〔改訂版〕』（青林書院、2012年）400頁以下。河村・前掲注1・153頁は、民事訴訟で有力な「裁判規範としての民法説」が同説と「基本的に一致する」とする。伊藤滋夫編『環境法の要件事実』（日本評論社、2009年）89頁［伊藤］も参照。

9—司法研修所編・前掲注5・172頁、高橋ほか編・前掲注5・245頁［鶴岡］、西川編・前掲注6・128頁［石田］。

10—高橋ほか編・前掲注5・241頁［鶴岡］は、現在の裁判実務について、「法律要件分類説に立っているというよりは、二分説または個別説的な発想をベースにしつつ、他の要素も取り込んで判断をしていると理解するのが正しいと思われる。」と述べる。

11—高橋ほか編・前掲注5・245頁［鶴岡］は、「行政処分の違法を主張する者が、裁量権の逸脱、濫用について証明責任を負うとするのが判例の考え方である。」として、最大判昭和53・10・4民集32巻7号1223頁（マクリーン事件）と最判昭和63・7・14判時1297号29頁（医師会設立不許可事件）を挙げる。いずれにせよ、次に紹介する伊方原発訴訟はそのような立場のようである。

12—塩野・前掲注1・174頁以下。

13—宮崎良夫『行政訴訟の法理論』（三省堂、1984年）291頁以下、芝池義一『行政救済法講義〔第3版〕』（有斐閣、2006年）91頁、室井力ほか編『コンメンタール行政法Ⅱ〔第2版〕』（日本評論社、2006年）117頁［曽和俊文］。

とする説も

3　事実上の推認

最判平成4・10・29民集46巻7号1174頁（伊方原発訴訟）

「原子炉設置許可処分についての右取消訴訟においては、右処分が前記のような性質を有することにかんがみると、被告行政庁がした右判断に不合理な点があることの主張、立証責任は、本来、原告が負うべきものと解されるが、当該原子炉施設の安全審査に関する資料をすべて被告行政庁の側が保持していることなどの点を考慮すると、被告行政庁の側において、まず、その依拠した前記の具体的審査基準並びに調査審議及び判断の過程等、被告行政庁の判断に不合理な点のないことを相当の根拠、資料に基づき主張、立証する必要があり、被告行政庁が右主張、立証を尽くさない場合には、被告行政庁がした右判断に不合理な点があることが事実上推認されるものというべきである。」（下線は引用者）

Ⅱ　情報公開訴訟における要件事実と立証責任

1　情報公開訴訟における要件事実

＊行政機関の保有する情報の公開に関する法律（以下「情報公開法」または「法」という）による不開示決定の取消訴訟の場合（訴訟要件や手続的瑕疵[14]は省略）

A　開示請求の対象である行政文書が存在すること

　①開示請求の対象である文書が存在すること（物理的存在）

　②当該文書が「行政文書」（法2条2項）に当たること（解釈上の存在）

B　当該行政文書に不開示情報が含まれていないこと

　③不開示決定の理由とされた情報が不開示情報（法5条1号本文・1号の2・2号本文・3〜6号）に当たらないこと

　④不開示情報に当たるが例外事由（法5条1号ただし書・2号ただし書）に当たること

14—手続的瑕疵がないことは被告に立証責任があると解される。河村・前掲注1・155頁。

　⑤不開示情報に当たるが例外事由に当たらない場合に裁量的開示（法7
　　条）をすべきこと

2　行政文書の存在の立証責任

(1)　物理的存在

　最判平成26・7・14判時2242号51頁（沖縄返還密約訴訟）は原告説[15]

　「情報公開法において、行政文書とは、行政機関の職員が職務上作成し、又
は取得した文書、図画及び電磁的記録であって、当該行政機関の職員が組織的
に用いるものとして、当該行政機関が保有しているものをいうところ（2条2
項本文）、行政文書の開示を請求する権利の内容は同法によって具体的に定め
られたものであり、行政機関の長に対する開示請求は当該行政機関が保有する
行政文書をその対象とするものとされ（3条）、当該行政機関が当該行政文書
を保有していることがその開示請求権の成立要件とされていることからすれば、
開示請求の対象とされた行政文書を行政機関が保有していないことを理由とす
る不開示決定の取消訴訟においては、その取消しを求める者が、当該不開示決
定時に当該行政機関が当該行政文書を保有していたことについて主張立証責任
を負うものと解するのが相当である。」「そして、ある時点において当該行政機
関の職員が当該行政文書を作成し、又は取得したことが立証された場合におい
て、不開示決定時においても当該行政機関が当該行政文書を保有していたこと

15―判時の匿名コメントでは次のように説明されている。「情報公開法3条、2条2項柱書本文の規
　定の仕方からすると、対象文書が物理的に存在することは、開示請求権の発生要件であると解され、
　主張立証責任に関する法律要件分類説に立つならば、開示請求権の権利根拠規定に当たり、原告が
　これについて主張立証責任を負うことになるものと考えられる。また、侵害処分・授益処分二分説
　に立ったとしても、情報公開法に基づく開示請求権は、憲法21条の保障する知る権利から憲法上直
　ちに認められるものではなく、実定法上の根拠があって初めて発生するものといえるので、行政機
　関の長が行う情報公開決定は、情報を公開することによって国民の権利を拡大する授益処分に当た
　ると解され、当該行政文書が物理的に存在することについて、原告が主張立証責任を負担すること
　が原則となるものと解される。なお、個別具体説に立った場合には、類型的、一般的に主張立証責
　任の帰属を決することは困難であるが、情報公開法に基づく開示請求権の前記のような性質からす
　ると、当該行政文書が物理的に存在することについて、原告が主張立証責任を負担するとの考え方
　に親和的となり、他方、行政文書の作成・取得及び保有は、被告側の支配領域内で行われる事項で
　あることからすると、当該行政文書が物理的に不存在であることについて、被告が主張立証責任を
　負うとの考え方に親和的となるものと解されるが、決め手を欠くという評価を免れないものと思わ
　れる。」（判時2242号52頁以下）。学説を含めて、高橋滋ほか編『条解行政情報関連三法』（弘文堂、
　2011年）477頁以下［島村健］参照。

を直接立証することができないときに、これを推認することができるか否かについては、当該行政文書の内容や性質、その作成又は取得の経緯や上記決定時までの期間、その保管の体制や状況等に応じて、その可否を個別具体的に検討すべきものであり、特に、他国との外交交渉の過程で作成される行政文書に関しては、公にすることにより他国との信頼関係が損なわれるおそれ又は他国との交渉上不利益を被るおそれがあるもの（情報公開法5条3号参照）等につき、その保管の体制や状況等が通常と異なる場合も想定されることを踏まえて、その可否の検討をすべきものというべきである。」（下線は引用者）

(2) 行政文書該当性（解釈上の存在）

被告説が有力[16]（組織共用文書が原則等）：さいたま地判平成15・7・9判自259号18頁

3 不開示情報該当性の立証責任

(1) 不開示情報該当性一般

最判平成6・2・8民集48巻2号255頁（大阪府水道部懇談会費訴訟）は被告説[17]

「本件文書を公開することにより右のようなおそれ〔＝当該又は同種の事務の公正かつ適切な執行に著しい支障を及ぼすおそれ〕があるというためには、上告人〔＝第1審被告大阪府知事〕の側で、当該懇談会等が企画調整等事務又は交渉等事務に当たり、しかも、それが事業の施行のために必要な事項についての関係者との内密の協議を目的として行われたものであり、かつ、本件文書に記録された情報について、その記録内容自体から、あるいは他の関連情報と照合することにより、懇談会等の相手方等が了知される可能性があることを主張、立

16—学説を含めて、高橋ほか編・前掲注15・480頁［島村］参照。
17—千葉勝美「判解」最判解民事篇平成6年度（1997年）158頁は、「本件文書に記録された情報が本件条例の非開示条項に該当するか否かの主張、立証については、本件処分の適法性を基礎付ける事項であり、公開原則の例外に当たるか否かの問題でもあり、また、事務の公正かつ適切な執行に著しいおそれがある点は行政庁側の事情である上、行政庁（実施機関）としては、本件文書の記載内容等を了知し、会合の内容を把握し、文書公開の前例も承知しているはずであること等からして、Ｙ〔＝第1審被告大阪府知事〕に主張、立証責任があるというべきである。」と説明する（〔　〕は引用者）。学説を含めて、高橋ほか編・前掲注15・480頁以下参照。

証する必要があるのであって、上告人において、右に示した各点についての判
断を可能とする程度に具体的な事実を主張、立証しない限り、本件文書の公開
による前記のようなおそれがあると断ずることはできない筋合いである。」
（〔　〕と下線は引用者）

　＊逆 FOIA 訴訟について[18]
　被告説：那覇地判平成 7 ・ 3 ・28行集46巻 2 ＝ 3 号346頁及び福岡高那覇支
　　　判平成 8 ・ 9 ・24行集47巻 9 号808頁（処分の適法性を基礎づける事項）
　原告説：横浜地判平成21・12・ 9 判自340号11頁（開示が原則等）

　(2)　国家安全情報（法 5 条 3 号）・公共安全情報（同条 4 号）該当性
　不開示情報一般については裁量が認められない[19]のに対し、これらについ
ては裁量が認められる[20]ため、立証責任が問題となる
　　下級審は分かれているが[21]、最高裁（内閣官房報償費訴訟に関する最判平成
30・ 1 ・19判時2377号 4 頁等）は明示せず
　　原告説（裁量が認められる）：東京地判平成15・ 9 ・16訟月50巻 5 号1580頁、
名古屋地判平成15・10・15訟月52巻 8 号2473頁及び名古屋高判平成17・ 3 ・17
訟月52巻 8 号2446頁、仙台地判平成15・12・ 1 判時1882号11頁、仙台地判平成
16・ 2 ・24訟月50巻 4 号1349頁及び仙台高判平成16・ 9 ・30裁判所 HP、仙台
地判平成16・ 2 ・27LEX/DB、仙台地判平成17・ 3 ・14訟月52巻12号3615頁、
東京地判平成18・ 2 ・28判時1948号35頁及び東京高判平成20・ 1 ・31裁判所
HP、東京地判平成18・ 3 ・23訟月54巻 8 号1610頁及び東京高判平成18・ 9 ・
27訟月54巻 8 号1596頁、名古屋高判平成20・ 7 ・16裁判 HP、仙台地判平成

18―学説を含めて、高橋ほか編・前掲注15・487頁以下［島村］参照。
19―最判平成23・10・14判時2159号59頁は、原判決について、「本件数値情報が情報公開法 5 条 2 号
　　イ所定の不開示情報に当たるか否かは同号イの定める要件に該当する事情の有無によって客観的に
　　判断されるべきものであって、処分行政庁の裁量判断に委ねられるべきものではないという点にお
　　いて、是認することができない。」とする。大阪府知事交際費訴訟に関する千葉勝美「判解」最判
　　解民事篇平成 6 年度（1997年）71頁以下は、当時の大阪府条例に要件裁量を認めていたが、情報公
　　開法は国家安全情報・公共安全情報に裁量を認めていることから、その他の不開示情報には裁量を
　　認めていないと解される。
20―村上裕章「判批」判評724号（2019年） 9 頁など参照。
21―学説を含めて、高橋ほか編・前掲注15・484頁以下［島村］参照。

21・3・3裁判所 HP、大阪地判平成24・3・23訟月59巻11号2832頁及び大阪高判平成28・2・24判時2323号41頁、大阪高判平成25・10・25裁判所 HP、東京地判平成27・11・26判タ1424号182頁、大阪高判平成28・6・29裁判所 HP

　被告説（処分の適法性を基礎づける事項、開示が原則、被告が証拠をもつ等）：仙台高判平成17・12・7訟月52巻12号3597頁、大阪高判平成18・3・29裁判所 HP、名古屋高判平成18・6・15裁判所 HP、新潟地判平成18・11・17判タ1248号203頁及び東京高判平成19・6・13判自329号72頁、東京高判平成22・6・23裁判所 HP、東京高判平成26・7・25裁判所 HP、名古屋地判平成27・10・15判時2301号67頁及び名古屋高判平成29・2・23LEX/DB、大阪高判平成28・10・6LEX/DB、高松高判平成28・11・17LEX/DB、東京高判令和元・8・21裁判所 HP

　明示しないもの：大阪地判平成16・1・16訟月51巻1号8頁、京都地判平成18・6・30裁判所 HP、仙台地判平成20・3・11裁判所 HP 及び仙台高判平成21・4・28訟月55巻11号286頁、仙台地判平成20・3・31判自324号88頁、東京地判平成21・12・16裁判所 HP、東京地判平成24・10・11裁判所 HP、東京地判平成24・10・12LEX/DB、富山地判平成26・8・6LEX/DB、名古屋地判平成27・10・15判時2301号67頁及び名古屋高判平成29・2・23LEX/DB、富山地判平成28・3・9LEX/DB 及び名古屋高金沢支判平成28・9・28LEX/DB、東京地判平成28・9・29LEX/DB、東京地判平成30・11・20裁判所 HP

＊全体では原告説が多い（19：12）が、平成25年以降は被告説が多い（4：6）

＊立証責任の考え方にかかわらず、証拠の所在から、〈①一般的類型的におそれがあることを被告が立証する必要があり、それがされたときは、②裁量権の逸脱濫用があることを原告が立証する必要がある〉とするもの（下線）が多い[22]（43判決中31判決＝約67％）

＊原告説に立ちつつ、伊方原発訴訟を引用するもの（前掲名古屋地判平成15・10・15）や、「事実上の推認」に言及するもの（前掲大阪高判平成28・6・29）

22―宇賀克也『情報公開・個人情報保護』（有斐閣、2013年）30頁以下、270頁以下、高橋ほか編・前掲注15・485頁以下［島村］など参照。

＊被告説に立ちつつ、立証の対象が異なる（「おそれ」ではなく「相当の理由」）とするもの（前掲東京高判平成22・6・23、前掲東京高判令和元・8・21）→立証責任の緩和？

(3)　例外事由該当性

　下級審は原告説[23]（例外の例外）：大阪高判平成10・10・28判自192号39頁、千葉地判平成12・4・7判自216号16頁及び東京高判平成12・12・26裁判所HP、京都地判平成13・9・21裁判所HP、東京地判平成15・9・16訟月50巻5号1580頁、名古屋高金沢支判平成16・4・19判タ1167号126頁、東京地判平成16・12・24判タ1211号69頁及び東京高判平成17・8・9裁判所HP、福岡高判平成17・2・23LEX/DB、福岡地判平成18・11・27判例集未登載（季報情報公開・個人情報保護31号35頁）、東京高判平成19・5・10裁判所HP、大阪地判平成19・6・29判タ1258号171頁、津地判平成20・1・31裁判所HP及び名古屋高判平成21・1・22裁判所HP、大阪地判平成26・3・27裁判所HP及び大阪高判平成26・9・24裁判所HP、前掲富山地判平成26・8・6、大阪地判平成29・9・21裁判所HP、東京地判令和2・11・4LEX/DB

＊前掲横浜地判平成21・12・9：逆FOIA訴訟で不開示情報は原告、例外事由は被告

＊仙台地判平成8・7・29判時1575号31頁：個人識別型について限定説に立った上で、公務員の権利侵害は被告とする（個人情報＝被告、職務遂行情報＝原告、権利侵害＝被告？）

＊仙台高秋田支判平成9・12・17判時1642号89頁：個人情報の例外事由として公益上必要がある場合を挙げていた条例について、被告が立証責任を負うとする[24]

(4)　裁量的開示

　下級審は原告説[25]（裁量が認められる）：東京地判平成14・6・14訟月49巻1

号311頁及び東京高判平成14・10・30裁判所HP、東京地判平成14・12・25裁判所HP、東京地判平成15・5・29裁判所HP及び東京高判平成15・10・7裁判所HP、大阪地判平成16・1・16訟月51巻1号8頁、東京地判平成16・12・24判タ1211号69頁及び東京高判平成17・8・9裁判所HP、高知地判平成17・5・27判タ1237号217頁及び高松高判平成18・9・29判タ1237号211頁、津地判平成20・1・31裁判所HP、東京地判平成21・5・21情報公開・個人情報保護審査会判例データベース、東京地判平成30・8・23判タ1481号57頁及び東京高判令和2・6・30判タ1481号36頁

Ⅲ 検討

1 情報公開訴訟の特殊性

　行政訴訟では一般に立証責任が決め手となることが「本来極めて少ない」[26]とされるが、情報公開訴訟では立証責任による判断が多い：LEX/DBで検索すると、約220事件（約290判決、うち個人情報開示請求訴訟は約10判決）で明示的な言及がある（「情報公開」と「立証」で約750件、「個人情報保護」と「立証」で約400件がヒットするが、情報公開訴訟以外の事件も含まれ、また、当事者が主張するにとどまる場合が多い）

　インカメラ審理ができない（推認によらざるを得ず、心証形成が困難である）ことによるか[27]：そうであればインカメラ審理の導入により変化する可能性

2 評価的要件

（1）事実的要件と評価的要件

　行政法では評価的要件が多いとの指摘[28]：裁量概念の多義性：羈束行為・裁量行為、法規裁量・自由裁量の区別→前者は立法権との関係、後者は司法権との関係で、別次元の問題[29]

26―藤田・前掲注4・138頁。
27―高橋ほか編・前掲注15・476頁［島村］。
28―行政訴訟実務研究会編『行政訴訟の実務』（第一法規、2004年）614頁以下［太田匡彦］、巽智彦「事実認定論から見た行政裁量論」成蹊法学87号（2017年）103頁以下、藤田・前掲注4・136頁注1など。
29―高木光『行政法』（有斐閣、2015年）476頁以下参照。

「法規裁量」は行政庁に判断余地があるが判断代置型審査（収用補償額に関する最判平成9・1・28民集51巻1号147頁、不開示情報該当性に関する前掲最判平成23・10・14、水俣病の認定に関する最判平成25・4・16民集67巻4号1115頁など）→「自由裁量」に限らず、「覊束行為」以外は評価的要件となるのではないか[30]（評価的要件と裁量は別問題）

　情報公開訴訟については、物理的存在（上記Ⅱ1①）が事実的要件であるのに対し、行政文書該当性及び不開示情報該当性（同②〜⑤）は評価的要件か

(2)　評価的要件の立証責任

　評価的要件については評価根拠事実と評価障害事実の立証責任が問題となる[31]

　以下は太田匡彦による説明[32]（立証の必要の転換や、事実上の推認と見ることもできるか）

例1　最判平成13・3・27民集55巻2号530頁（大阪府知事交際費訴訟第二次上告審）

　「府の機関又は国等の機関が行う調査研究、企画、調整等に関する情報であって、公にすることにより、当該又は同種の調査研究、企画、調整等を公正かつ適切に行うことに著しい支障を及ぼすおそれのあるもの」（大阪府公文書公開等条例8条4号）等について、①「知事の交際事務に関する情報で交際の相手方が識別され得るものであっても」、②「交際の相手方及び内容が不特定の者に知られ得る状態でされる情報」等は、不開示情報に当たらないとした上で、たとえば祝金について、相手方との関わり等を斟酌して金額が個別に決定されていたものと認められるから、「これらの祝金の額が主催者の定めた会費相当

30―行政訴訟実務研究会編・前掲注28・615頁［太田］は、「覊束処分については、当該処分の根拠法規が要件とした事実に該当する具体的事実が主要事実となるものの、規範的評価を必要とする場合や不確定概念を用いられている場合……当該要件と区別されたヨリ具体的な主要事実を考えなければならない。」とする。

31―伊藤滋夫『要件事実の基礎〔新版〕』（有斐閣、2015年）291頁以下、河村・前掲注1・21頁以下など参照。

32―行政訴訟実務研究会編・前掲注28・657頁以下及び662頁［太田］。この点、伊藤・前掲注31・311頁以下、河村・前掲注1・22頁は、評価根拠事実と評価障害事実の「総合判断」によるとする。

額であったとの立証もない本件においては」、祝金の具体的金額が不特定の者
に知られ得るものであったというに足りず、不開示情報に該当するとする

　→①については被告が、②については原告が、それぞれ立証責任を負う[33]

例2　国家安全情報・公共安全情報について（前記Ⅱ 3(2)参照）
　①「おそれがあると行政機関の長が判断しうる情報が記録されていること」
は被告、②裁量権の逸脱濫用を基礎づける事実は原告が、それぞれ立証責任を
負う

3　立証責任の一般的な考え方

　情報公開訴訟では要件の定め方を重視する傾向（法律要件分類説）？
　他方で、個別具体説は基準とならず、権利性質説にも限界がある[34]
　条文の規定・形式の文理解釈を念頭におきつつ、制度趣旨や立証の難易等も
勘案して立証責任を決定し[35]、それによる不都合（特に立証の難易）について
は立証の程度、事実上の推認等で調整する、という考え方はできないか
　情報公開制度の特殊性？：情報公開制度は立証責任を意識して立法されてい
るから例外的である[36]、情報公開請求権は法律等によって創設的に発生する
から、法律等に立法担当者の考え方が示されている場合は、基本的にこれに従
って判断すべき[37]等の指摘もある

33―西川知一郎「判解」最判解民事篇平成13年度（2004年）353頁は、「例外要件〔＝本文の②〕に関
　する立証責任については、実施機関において、当該交際の具体的な類型を明らかにすることによっ
　てそれが非公開を前提とした通常の儀礼的なものであることが主張、立証できる場合には、これに
　加えてその相手方が識別され得るものであることを主張、立証すれば足り、例外要件に該当する事
　実については、原告において主張、立証すべきものと解されよう」と説明する（〔　〕は引用者）。
　高橋ほか編・前掲注15・483頁［島村］は、「祝金の金額が会費相応額でないこと（不開示事由の例
　外要件に該当すること）の立証責任を原告に負わせるものであるとされる」とする。
34―情報公開訴訟に即していえば、条文の定め方による相違を説明しにくいのではないか、「自然の
　自由」は判断基準として不明確であり、開示請求権がどちらに当たるか判然としないのではないか、
　といった疑問がある。前掲注15の権利性質説による説明を参照。
35―河村・前掲注１・16頁以下。
36―藤山・前掲注８・396頁及び404頁以下。河村・前掲注１・152頁注６も参照。
37―定塚誠編『行政関係訴訟の実務』（商事法務、2015年）478頁［定塚］。

4　立証の程度による調整

立証の程度[38]を操作することによって実質的な妥当性を確保することが考えられる

国家安全情報・公共安全情報について、被告は「一般的類型的に」おそれを立証すればよいとする裁判例（上記Ⅱ3⑵参照）

5　推認による調整

沖縄返還密約訴訟（上記Ⅱ2⑴）：下級審は伊方原発訴訟類似の事実上の推認（立証責任の事実上の転換を伴う）を認めるのに対し、上告審は単なる推認を認めるに過ぎない？

伊方原発訴訟との相違：文書不存在では評価的要件ではなく、裁量も認められない

立証の程度による調整との違いは？

6　裁量審査

国家安全情報・公共安全情報、裁量的開示で問題となる（評価的要件とは別に考える必要）

審査密度[39]との関係：国家安全情報・公共安全情報については裁量の広狭について争いがあるが[40]、立法の経緯から狭い裁量と見るべきではないか[41]：裁量的開示は広い裁量か：広狭に違いがあるとすれば、それは立証責任や審査のあり方に影響するか

国家安全情報・公共安全情報につき、立案関係者は被告に立証責任があると述べていた[42]

38―詳しくは、高橋ほか編・前掲注15・482頁以下［島村］参照。

39―村上裕章『行政訴訟の解釈理論』（弘文堂、2019年）242頁以下など参照。

40―裁量が「広範」と明言するものがあるほか（前掲東京地判平成15・9・16、前掲仙台地判平成20・3・11）、神戸全税関事件（最判昭和52・12・20民集31巻7号1101頁）やマクリーン事件（前掲最大判昭和53・10・4）類似の判断枠組みによるものが多い。

41―情報公開法5条3号及び4号の立案過程では、裁量に関する判例を比較検討した上、公務員の分限処分に係る最判昭和48・9・14民集27巻8号925頁が参考とされた。情報公開法研究会『情報公開制度のポイント』（ぎょうせい、1997年）62頁以下［井上宏］参照。村上裕章『行政情報の法理論』（有斐閣、2018年）390頁、村上・前掲注20・9頁なども参照。

立証の程度や対象の問題か[43]、立証責任とは別問題か[44]：「論証責任」とする見解[45]

おわりに

立証責任一般的な考え方、裁量処分、取消訴訟以外の行政訴訟等について検討する必要

42—1999（平成11）年３月11日の参議院総務委員会で、「原告の立証責任が加担されるとかそういうことではないわけですね。」との質問に、瀧上信光政府委員（行政管理局長）は、「情報公開の訴訟におきましての立証責任の問題につきましては、この問題については裁判所は行政機関の第一次的な判断が合理性を有するかどうかといったことについて判断をするわけでございます。そういった点につきましての立証というものは行政機関の方で立証し、そして、合理的な理由を有する限度であればそういったものにつきましては行政機関の判断が尊重されるというような仕組みになっておるわけでございます。」と答弁している。村上・前掲注20・12頁注20など参照。前掲東京地判平成18・３・23は、「当該発言は、立証責任に関する上記ア〔＝行政機関の長に裁量が認められ、裁量権の逸脱濫用を基礎づける具体的事実については原告が立証責任を負う〕と同様の解釈を国会審議の場において平明に表現するための手法としてとられたものにすぎず、実質的には上記アの解釈と何ら変わるものではない」として、原告説をとる（〔　〕は引用者）。
43—伊藤編・前掲注８・34頁［河村浩］、49頁以下［伊藤］はこの趣旨か。
44—藤山・前掲注８・414頁は、裁量権行使の適否の判断は法的評価であって、立証責任の対象とならず、裁判所は自らの判断を示さなければならないとする。
45—巽・前掲注28・110頁以下。

講演3レジュメ

行政法各論から要件事実総論
（立証責任の分配基準）を考える

河村　浩

1　はじめに

　筆者は、要件事実総論（立証責任の分配基準）については、実体法（民法は実体法の例示である。実体法の範囲は、別途解釈で決定される。）が、通常、証明のことまで考えて立法されていないことを前提に立証困難性を織り込んだ制度趣旨を基準として、原則・例外等の規範構造を明らかにして要件事実の決定を考える、いわゆる裁判規範としての民法説[1]、そして、同説の行政訴訟における具体的現れである侵害処分・授益処分説[2]が妥当であると考えているが、本稿は、このような要件事実総論の妥当性を行政法各論の要件事実の分析（処分の取消訴訟に限定する。）からフィードバックして検証してみようという試みである。以下では、議論の前提として、①行政処分（裁決を含む。）の取消訴訟（住民訴訟を含む。）の法的性質を形成訴訟と捉え、その訴訟物は、その形成要件である違法性一般であるとし、②請求原因としては、最低限、処分の存在とそれが違法であるとの主張（特定方法としての請求原因）が必要であり、抗弁（手続

1—伊藤滋夫『要件事実の基礎〔新版〕——裁判官による法的判断の構造』（有斐閣、2015年）126頁以下。

2—河村浩『行政事件における要件事実と訴訟実務——実務の正当化根拠を求めて』（中央経済社、2021年）151頁。

上の適法要件）としては、最低限、権限を有する行政機関による理由附記された処分の通知（送達）が必要であるとし、また、③上記の行政処分の手続上の適法要件のほか、訴訟要件等を基礎付ける事実として、実体法を基礎とする要件事実の概念を拡張して「手続上の要件事実」[3]という概念を想定する。

2　相続税法に基づく納税申告に係る更正処分（非申請型の不利益処分）の取消訴訟

(1)　基本設例

> 　Xは、被相続人X′（父）の子である。X′は、令和元年〇月〇日、死亡した（Xの母（X′の妻）は、既に他界している。）。X′は、生前、土地（以下「甲物件」という。）を所有していたが、その土地には、弁財天を祀るための祠と小さな鳥居（以下「庭内神し」という。）があった。Xは、X′の死亡により甲物件を相続取得したところ、庭内神し及び甲物件のうち庭内神しの敷地部分（以下「本件部分」という。）は、相続税法12条1項2号（墓所、霊びょう及び祭具並びにこれらに準ずるもの）に該当するとして、これらの部分の価額を相続税の課税価格に加算しないで、W税務署長に対し、納税申告をした。これに対し、W税務署長は、本件部分の価額を課税価格に算入する本件更正処分をした。そこで、Xは、自己の納税申告の税額を超える部分につき、国を被告として本件更正処分の取消訴訟を提起した（東京地判平成24・6・21判タ1411号275頁参照）。

(2)　訴訟物
W税務署長のXに対する本件更正処分の違法性

(3)　要件事実の分析
本件更正処分の取消訴訟の請求原因として、本件更正処分の存在及び違法性の主張のほか、不服申立前置（国税通則法115条1項）、出訴期間の遵守（行訴法

3―河村・前掲注2・10頁。

14条）の手続上の要件事実も必要か否かが問題となる。第1に、これらの訴訟要件を充足する手続上の要件事実について検討すると、不服申立前置や出訴期間は、これらの遵守がされている限りにおいて、当該訴訟が適法であると扱われるから、そのような法律の制度趣旨からすると、訴訟を提起する原告に立証責任があり、これらの事実も請求原因に当たることになろう（この点は、上記の手続上の要件事実につき、以下でも同様に解される。）。

　第2に、本件更正処分の適法要件に係る要件事実について検討すると、国税通則法24条は、更正処分の納税者の財産権に与える影響の大きさに鑑み、一定の手続上及び実体上の適法要件を満たした限りにおいて、更正するものとされているから、そのような制度趣旨に照らすと、その積極的要件（以下でも同様であるが、この範囲自体が解釈で確定される。）に係る要件事実（手続上の要件事実を含む。）のすべてについて、抗弁として、国（税務署長）に立証責任を負わせるのがその制度趣旨に合致し、相当であると考えられる。上記の適法要件のうち、実体上の適法要件は、講学上の課税要件理論に従えば、納税義務、課税物件、帰属、課税標準及び税率となるが、まず、納税義務者としての相続人について検討する。基本設例では、X′の相続人はXであるが、他に相続人がいることは、他に相続人がいないこと（当該相続人「のみ」であること）の否認なのか（「のみ説」と呼ばれる。）、それとも抗弁なのか（「非のみ説」と呼ばれる。）が問題となる。税務署長としては、納税申告書に記載されている相続人を前提に計算された相続税額で更正処分をすれば足りるようにも思われるが（非のみ説）、相続税法17条は、現に財産を取得した者に課税するという遺産取得税を基本としつつ、その税額算定において、相続により財産を取得したすべての者に係る相続税の総額を基準とすべきであるとして遺産税の側面を考慮している。そうすると、共同相続人の範囲に関して、のみ説を採用することが、遺産税の側面を考慮している同条の制度趣旨に合致することになり、このような解釈が同条の文言（すべての者に係る相続税の総額）の解釈に合致することになる（このように解したとしても、税務署長は、更正処分に先立って税務調査をしなければならないから（国税通則法24条）、国にとって、立証困難であるとはいえない。）。したがって、国は、抗弁として、X′の相続人はXのみであることの立証責任を負うものと解される。

　次に、課税物件について、非課税財産につき検討する（以下では、その他の課税要件についての検討は省略する。）。非課税財産でないことが国の抗弁なのか、非課税財産であることが原告の再抗弁なのかという問題である。基本設例の甲物件のうち、庭内神しの敷地部分（本件部分）が相続税法12条1項2号の墓所等に「準ずるもの」（一種の評価的要件）に該当するか否かの立証責任は、同号の制度趣旨が、民法897条1項（祭祀財産）の精神に基づき、墓所等につき、日常礼拝の対象になっていることを尊重し、相続税の課税価格に算入しない特例を定めた点にあるものと解されることに照らすと、原告にあるものと解すべきであろう。したがって、Xは、再抗弁として、甲物件のうち本件部分が非課税財産であること（甲物件における庭内神しの位置関係・外形、設備の土地への接着度、その建立の経緯・目的、礼拝の態様に係る評価根拠事実）の立証責任を負うものと解される。

　なお、国税通則法24条は、「税務署長は、……更正する」と規定し、その文言（「更正する」）及びその制度趣旨（税務署長に一定の要件を満たす限りにおいて更正する権限を認めていること）に照らし、税務署長には、更正に関して裁量権は付与されていないものと解されるから、Xの本件更正処分に関する裁量権の逸脱又は濫用の主張は、再抗弁として主張自体失当となる。

3　独禁法[4]に基づく棄却審決（申請型の不利益処分）の取消訴訟

(1)　基本設例

> 　X社は、紙基材フェノール樹脂銅張積層板（以下「本件商品」という。）の製造販売業者であり、他に同業者7社が、業界団体である「××会」に所属していた。公正取引委員会（以下「公取委」という。）は、X社ほか7社が所属する「××会」の会合で、平成○○年頃から、本件商品の販売価格の維持に関して意見交換がされ、同年6月頃、「××会」の臨時部会において、まず、X社を含む大手3社が本件商品の販売価格を現行価格から

4―本稿の「独禁法」は、私的独占の禁止及び公正取引の確保に関する法律（平成25年法律第100号）附則2条によりなお従前の例によるとされている改正前の私的独占の禁止及び公正取引の確保に関する法律（旧法）を指すので、注意されたい。

15％を目処に引き上げることを決定し、次いで、5社がこれに追随することによって、遅くとも同年8月頃までに、相互に意思の連絡を図って協調値上げをする合意（以下「本件合意」という。）をしたとして、X社に対し、本件商品につき不当な取引制限をしたとの理由で本件排除措置命令及び本件課徴金納付命令を発令した。X社は、公取委に対し、上記各命令の取消しを求めて審判請求をしたが、公取委から本件棄却審決を受けた。そこで、X社は、公取委を被告（独禁法78条）として本件審決の取消訴訟を東京高等裁判所（同法85条1号）に提起した（東京高判平成7・9・25判タ906号136頁参照）。

(2)　訴訟物

公取委のX社に対する本件審決の違法性

(3)　要件事実の分析

本件審決の取消訴訟の請求原因としては、本件審決の存在及び違法性の主張のほか、手続上の要件事実として、出訴期間の遵守（審決の効力が生じた日から30日以内（独禁法77条1項）。その期間の性質は不変期間（同条2項））、又は訴訟行為の追完（行訴法7条、民訴法97条1項）を基礎付ける事実が必要である。

本件審決の適法要件に係る要件事実について検討すると、審判請求に対する公取委の審決は、排除措置命令等の事業者の経済活動に与える影響の大きさに鑑み、独禁法52条以下の審理手続、審決書の方式等に則って慎重に行われることが求められているから（準司法機関による手続）、そのような制度趣旨に照らすと、その積極的要件に係る要件事実（原告が公取委に適法な申請をしたこと等の手続上の要件事実を含む。）のすべてについて、抗弁として、公取委に立証責任を負わせる（準司法機関がした判断の根拠を開示させる）のがその制度趣旨に合致し、相当であると考えられる（根拠は異なるが、その結論自体は、前記2の租税訴訟と同様になる[5]。）[6]。

独禁法は、裁決主義（独禁法77条3項）を採る結果、行訴法10条2項（原処分主義）の適用はないので、原処分である本件各命令の手続上、実体上の違法事由に係る原告の主張は、主張自体失当にはならず、本件各命令の適法事由は、

公取委の抗弁に含まれることになる。上記の適法要件のうち、実体上の適法要件は、種々のものが考えられるが、ここでは、本件排除措置命令の実体上の適法要件の１つとして、独禁法７条１項所定の違反行為、すなわち、同法３条の不当な取引制限（同法２条６項）の要件中、他の事業者との共同（意思の連絡）が処分要件として必要か否かについて検討する。

　この点、独禁法２条６項は、不当な取引制限を、「……他の事業者と共同して**対価を決定し、維持し、若しくは引き上げ、又は数量、技術、製品、設備若しくは取引の相手方を制限する**等相互にその事業活動を拘束し、又は遂行することにより、公共の利益に反して、一定の取引分野における競争を実質的に制限することをいう」と規定する。「他の事業者と共同して」は、それに続く上記太文字部分を併せて読むと、同項の文理解釈としては、独立の要件であるというよりは、それに続く部分を含めて、事業活動の拘束又は遂行の例示であるという解釈も不可能ではない。しかし、上記太文字部分は、昭和28年法律第259号による改正によって同改正前の４条を削除し、その規定内容を事業活動の拘束又は遂行の例示として追加したものであるから[7]、このような沿革・制度趣旨を考慮すれば、「他の事業者と共同して」は、それに続く部分から独立した要件を規定するものであると解釈すべきことになろう。これを基本設例に即していえば、公取委は、抗弁として、他の事業者との共同行為として本件合意の立証責任を負うものと解される。

　他方で、独禁法７条は、排除措置命令に関し、「必要な措置を命ずることができる」と規定し、その文言（「できる」）及びその制度趣旨（高度な専門性に基づく判断の尊重）に照らし、公取委には、排除措置命令に関して裁量権が付与されているものと解されるから（最判平成19・４・19裁判集民事224号123頁参照）、本件排除措置命令に関する裁量権の逸脱又は濫用の主張は、Ｘ社の再抗弁とな

5―白石忠志『独占禁止法〔第３版〕』（有斐閣、2016年）144頁は、公取委の命令に関する抗告訴訟の立証責任を考えるに当たっては、課税庁側に立証責任があると解されている租税法分野の議論が参照されるべきであるとする。

6―独禁法82条１項は、審決の取消事由を規定するが、その規定は、公取委の抗弁（要件事実）の証明がされなかった（実質的証拠を欠いた）場合を注意的に規定したものと解される。上記規定と要件事実論の関係については、従来、ほとんど議論がされていない。

7―公取委事務局編『改正独占禁止法解説』（日本経済新聞、1954年）123頁、129頁、白石・前掲注５・198頁注７。

る（これに対し、課徴金納付命令は、その文言（「納付することを命じなければならない」（同法 7 条の 2 第 1 項））及びその沿革から裁量行為ではないと解されている。）。

4　難民不認定処分（申請型の授益処分の拒否処分）の取消訴訟

（1）　基本設例

> 　××国の国籍を有する本邦にあるＸは、××国の保護を受けることができない難民である旨主張して、法務大臣に対し、出入国管理及び難民認定法（以下「入管法」という。）61条の 2 第 1 項に基づき本件難民認定申請をしたところ、法務大臣は、令和 2 年○月○日付けでＸが難民である旨の認定をしない旨の本件難民不認定処分をした。そこで、Ｘは、国を被告として本件難民不認定処分の取消訴訟を提起した（河村・前掲注 2 ・300頁参照）。

（2）　訴訟物
法務大臣のＸに対する本件難民不認定処分の違法性

（3）　要件事実の分析
　本件難民不認定処分の取消訴訟の請求原因としては、本件難民不認定処分の存在及び違法性の主張のほか、手続上の要件事実として、出訴期間の遵守（行訴法14条）を基礎付ける事実が必要である。
　本件難民不認定処分の適法要件に係る要件事実について検討すると、被告（国）が抗弁として、処分の通知等を立証しなければならない。そして、原告（Ｘ）は、再抗弁として、本件難民認定申請が入管法61条の 2 第 1 項及び入管施行規55条所定の適式な申請であることの立証責任を負う。なぜならば、入管法が申請権を本邦にある外国人に認めた制度趣旨からすると、適法な申請があったことの立証責任は、申請人が負うものとするのがその制度趣旨に合致するからである。それでは、申請人である原告が、「難民」（入管法 2 条 3 号の 2 、難民条約 1 条、難民議定書 1 条参照。一種の評価的要件）に当たるか否かの立証責任の所在をどのように考えるべきであろうか。

　難民認定は、本邦にある外国人に当然に難民として遇される自由が保障されているとはいえないことを前提に、難民の要件を満たした者に特別な地位を保障しようとする制度趣旨に基づくものであるから、「難民」の評価根拠事実（政治的意見等を理由として、迫害を受けるおそれがあるという十分に理由のある恐怖を有すること等を基礎付ける事実）について、再抗弁として、原告（申請人）に立証責任を負わせるのがその制度趣旨に合致し、相当であると考えられる（実務での扱いも同様である。東京地判令和元・9・17裁判所HP参照）。

　もっとも、原告自身が難民であることの立証は、原告が通常置かれている状況からすると、一般的・類型的にみて困難な面があることは否定し得ないから、このような立証困難性によって、例外的に規範構造を修正する余地を、理論上は認めておく必要があろう（私見は、上記の難民認定のケースにおいて、規範構造の修正まで認めることには消極である。立証困難性に対する上記以外の対処方法につき、河村・前掲注2・302頁参照）。

　なお、入管法61条の2第1項は、法務大臣は難民認定を「行うことができる」と規定するが、難民の要件を満たした者に特別な地位を保障しようとする制度趣旨に照らすと、上記の「できる」という文言は、法務大臣に難民認定の権限を付与するものであって、裁量権を付与するものではないと解されるから、Xの本件難民不認定処分に関する裁量権の逸脱又は濫用の主張は、主張自体失当となる。

5　使用料免除処分（申請型の授益処分）の取消訴訟 （住民訴訟（2号請求））

　(1)　基本設例

　　Y町（A町長）は、行政財産である本件土地上に町営の温泉施設を設置して運営している。その温泉施設に隣接してW社が経営するホテルがある。Y町は、本件土地の一部を町営の温泉施設の駐車場（以下「本件駐車場」という。）として利用していたところ、Y町は、W社に対し、本件駐車場の半分の面積の土地（以下「本件部分」という。）を行政財産の目的外使用許可処分（本件使用許可処分。地方自治法（以下「地自法」という。）238条の

４第７項）をし、併せて、その使用料（同法225条）をＹ町行政財産の使用
料徴収条例（以下「本件条例」という。同法228条１項参照）に基づき免除す
る旨の本件免除処分をした。

　本件条例××条は、行政財産の使用目的が、次の各号の一に該当すると
きは、使用料の全部又は一部を免除することができるとし、その△号には、
「前各号に定めるもののほか、町長が特別の事情があると認めるとき」を
規定している（上記使用料免除処分を受けるためには、本件条例施行規則に基
づき、免除申請書を町長に提出するものとされている。）。Ｙ町の住民Ｘは、
Ｙ町を被告として地自法242条の２第１項２号に基づき、本件免除処分の
取消請求に係る住民訴訟を提起した（札幌高判平成24・5・25判例地方自治
370号10頁参照）。

(2)　訴訟物

Ａ町長のＷ社に対する本件免除処分（財務会計行為）の違法性

(3)　要件事実の分析

　本件免除処分の取消請求の請求原因としては、本件免除処分の存在及び違法
性の主張のほか、手続上の要件事実として、ＸがＹ町の住民であること（地自
法242条１項、10条１項）、住民監査請求前置（同法242条の２第１項）、出訴期間
の遵守（同条２項１号ないし４号）を基礎付ける事実が必要である。それでは、
本件免除処分が違法（評価根拠事実）か否かの立証責任の所在をどのように考
えるべきであろうか。

　地自法242条の２第１項は、普通地方公共団体の住民は裁判所に対し、財務
会計行為につき、訴えをもって、行政処分たる当該行為の取消請求（同項２
号）をすることができると規定する。この条文を文言どおり解釈すれば、処分
の違法性（評価根拠事実）の立証責任は、原告である住民が負い、これが請求
原因になるとも考えられる[8]。しかし、同条の制度趣旨は、地方財務行政の適
正化を図るという点にあるところ、住民が使用料免除処分によって当該使用料

が歳入に組み入れられないことによって地方財務行政上、不利益を受けるとして上記処分の取消しを求める場合、被告となった普通地方公共団体において、地方財務行政に不利益が生じないこと、すなわち、処分の適法性（評価根拠事実）の立証責任を負うと解することが、上記の住民訴訟の制度趣旨に合致し、相当ではないかと解される。

　これを基本設例に即していえば、Ｙ町は、処分の適法性（評価根拠事実）の抗弁として、（ⅰ）Ａ町長は、Ｗ社に対し、本件部分につき、本件使用許可処分をしたこと、（ⅱ）Ｗ社は、Ａ町長に対し、本件部分の使用料に関する適式な免除申請をし、Ａ町長は、Ｗ社に対し、免除決定通知書を送付したこと、（ⅲ）本件条例××条△号の特別の事情が存在することの立証責任を負うものと解される。

　他方で、地自法225条は、使用料徴収に関し、「徴収することができる」と規定し、その文言（「できる」）及びその制度趣旨（普通地方公共団体の行政目的の尊重）に照らし、その長には、使用料徴収に関して裁量権が付与されているものと解されるから、本件免除処分に関する裁量権の逸脱又は濫用の主張は、Ｘの再抗弁となる。

6　おわりに

　行政処分の処分要件に係る原則・例外等の規範構造を明らかにして要件事実を決定するためには、個別行政法の条文の文言による解釈のみでは不十分であって、その制度趣旨に遡った実質的解釈を踏まえた総合的解釈が必要となる。行政庁に裁量権が付与されているか否かも、条文の「できる」という文言は決め手にはならず、その制度趣旨に遡った実質的解釈が必要であり、また、評価的要件の要件事実（手続上の要件事実を含む。）は、原則として条文に規定されていないので、文理解釈のみでその内容を明らかにすることはできない。他方で、要件事実の内容・性質によっては、一般的・類型的観点からの立証困難性を考慮して、理論上は例外的に規範構造を修正する余地を認めておく必要もある。

　以上の本稿におけるわずかな各論的な要件事実の分析によっても、条文の文言によって第一次的に立証責任の所在を確定しようとする法律要件分類説（修

正法律要件分類説を含む。）は相当ではなく、また、問題となる局面ごとに個別的に要件事実を確定しようとする個別的具体説は、一貫した視点から規範構造を明らかにすることができず、その際考慮される個別的要素の相互関係が明確でないという点で相当ではないと解される。これまでの要件事実の分析に整合するのは、裁判規範としての民法説（侵害処分・授益処分説）であろう（客観訴訟といわれる住民訴訟（2号請求）においても、侵害処分・授益処分説が基本的に妥当するものと解される。）。

　今後、本稿で試みたような個別行政法における各論的な要件事実の分析（差止訴訟や義務付訴訟などについても）が数多くされることによって、要件事実総論の議論が実り多きものになることを期待して本稿を閉じたい。

コメント

岩橋　健定

山田　洋

コメント1

岩橋健定

第1　取消訴訟における要件事実・総論について

1　要件事実を論じる上では、通常、訴訟物論が決定的に重要になる。しかし、取消訴訟における訴訟物論については、実務上も学説上も、完全には決着がついているとはいえず、少なくともそこから主張責任、立証責任、さらには審理の進め方などを演繹することはできない。以上は、高木先生が適切に指摘されるところであり、立ち入ったコメントは必要ない。

2　そして、多くの体系書、教科書、実務書、さらには論文に至るまで、訴訟物論について軽く触れた上で、次に立証責任の分配に関する学説を、調査義務説などの明らかにレベルの異なる議論を含めて列挙し、それぞれにコメントを加えた上で自説を述べる、というのがスタイルとして確立している。しかし、これは民事訴訟法学においても同様であるが、立証責任の分配に関する説の対立は、全ての説が広く例外を認めるということもあり、必ずしも具体的な要件事実に対する立証責任の分配の結論とは直結していない。最終的には個別の考慮となり、この個別考慮の際の考慮要因としては、侵害・授益の別、実定法の定め、法的仕組み（申請権の有無、調査権の存否など）、訴訟上・立証上の考慮、憲法秩序、最終的には法目的、正義、公平というものが登場する。つまるところ、立証責任の分配についての学説は、立証責任の分配についての考慮すべき要因を挙げ、そのうちその論者が重視すべきと考える視点や望ましいと考える説明の順序をそれぞれ掲げたものとみれば足りると思われる。

3　また、実務においても、立証責任論は必ずしも重要な機能を果たしているわけではない。この点についても、高木先生の指摘されるところである。

　4　なお、私は、証明論については確率的心証論が分析にも実践にも有効であると考えており、行政庁が行為すべき場合の情報状態のライン（証明度）が一律に「高度の蓋然性」であるとはとうてい考えられないため、取消訴訟における立証責任論としては「調査義務説」に親和的である。

第2　取消訴訟における要件事実・各論について
1　裁量処分

　(1)　裁量処分についての立証責任、より正確には裁量の認められる法律要件についての要件事実については、近年、それを要件事実論にいう「評価的要件」として捉えて分析することが行われていることは、高木先生が指摘されるところである。

　(2)　この立場には、裁量権の逸脱濫用という評価を基礎づけたり否定したりする具体的事実を評価根拠事実・評価障害事実として、それぞれに立証責任を想定する立場と、評価的要件の中にさらに区別を設け、「正当事由」のように当該事案における事実関係の総合評価によってその有無を決すべきものについては、存否が判明した事項はその存否を前提とし、存否が明らかではない事項についてはその状態を前提として、それらを総合した事実関係の下で現にされた裁量権の行使に逸脱濫用があったか否かを判断するほかないとする立場がみられる。行政庁の裁量判断は、少なくともそれが不確実性の中での判断であるような場合には、いわゆる「行政の不定形性」などに照らし、後者の立場と親和的ではないかと思われる。よって、裁量処分についての立証責任の部分については、村上先生の議論にはいささか疑問がある。

　(3)　また、評価的要件や抽象的な文言で定められた要件について、それをいくつかに類型化することにより、より具体的な事実によって定められた要件（事実的要件）に具体化することは、法解釈としてしばしばなされるところであり、裁量基準の設定もまた、そのような具体化の一つであるということができる。そして、これらの具体化された事実的要件には、それぞれについて立証責任を観念することが可能である。このように考えると、総合評価によるべき要件でなくても、裁量が認められる要件そのものについて立証責任を想定する必要はないし、裁量が認められる要件にかかる事実認定について一般的な立証責

任の分配ルールを想定する必要もない。このような意味でも、「裁量処分についての立証責任」という問題設定は、もはや有効であるとはいいがたいと思われる。

2 排除措置命令・課徴金納付命令と難民認定

　総論部分で述べた確率的心証論といった視点からまず注目されるのは、河村先生が各論的分析をしておられる排除措置命令・課徴金納付命令と難民認定である。

　(1)　河村先生の扱っておられる事案は、平成3年改正前の独占禁止法が適用されるものである。この時代の課徴金は、その水準が低かったこともあり、カルテルによる不当な経済的利得を剥奪するものであって、刑事罰と併科することは二重処罰を禁止する憲法39条に違反するものではないとされていた。これに対し、平成17年改正以降では、課徴金の水準が大きく引き上げられるとともに、違反者に対する加重や早期離脱者に対する軽減なども定められた。このような制度はもはや不当な経済的利得の剥奪という説明のみでは正当化できず、正面から違反行為の抑止のための措置であると説明されることが増えている。

　これらの違反金の納付命令は、客観的な金額として強度の侵害を行うものであると同時に、性格的にも（二重処罰の禁止を回避するとの文脈でその制裁性・道徳的非難の側面が否定されてきたとはいえ）社会的非難の側面も否定できない。このような処分の処分要件の認定に当たっては、誤って処分をしてしまうことの損失と、誤って処分をしないこととの損失とでは、類型的に、誤って処分をしてしまうことの損失が大きいと想定される。そのため、違反事実の存在の立証責任を処分庁に負わせるのみならず、その際に必要とされる証明度の引上げが検討されるべきであると考える。現行制度についての河村先生のご見解をお伺いしたい。

　(2)　これに対し、難民認定については、難民認定の要件に照らして、誤って難民と認定することの損失と誤って難民と認定しないことの損失とでは、類型的に誤って難民と認定することの社会的損失が小さいといってよいと思われる。河村先生が、立証困難性への対処として考えておられ、また、極めて例外的な場合に限ってではあるが、証明度の軽減による対処の余地を認めておられるこ

とには、この側面からの説明も可能ではないかと思われる。

　ただし、申請者側が合理的に提出可能な資料を全て提出し、これに対して処分庁側が難民条約等の趣旨を踏まえた十分な調査を行い、さらに場合によっては証明度の軽減を行ったにもかかわらず、それによってもある評価根拠事実（または評価障害事実）の存否が不明である場合というのが、客観的立証責任によって切り捨ててよい場面かどうかについては検討の余地があるように思われる。

3　情報公開訴訟

　村上先生が扱っておられる情報公開訴訟は、その分野の特性からも、実際になされた立法からも、要件事実的分析の有用性、特に、立法者意思と裁判官による判断との関係について考える上での好素材であると思われる。

　(1)　このような情報公開訴訟における立証責任について、村上先生は、「条文の規定・形式の文理解釈を念頭におきつつ、制度趣旨や立証の難易等も勘案して立証責任を決定し、それによる不都合（特に立証の難易）については立証の程度、事実上の推認等で調整する」といった方法を支持される。これは、立法の形式に重点を置く立場であり、権利性質説からは一定の距離を置くものといえそうである。そして、確率的心証論の立場からは、立証責任の配分は基本的には実体法の解釈として行われるべきものとなるから、上記の村上先生の立場を支持することとなる。しかし、この方法は、実際には個別具体的に判断することに帰結するようにも思われる。

　(2)　また、情報公開法について、最高裁判所は、しばしば各条文の「おそれ」という評価的要件について、類型ごとに事実的要件の組み合わせに具体化するとともに、そこでの立証責任について述べていることも、村上先生が紹介されるところである。このような類型化は、規範内容の明確化と訴訟進行の円滑化に資するものであって、進むべき方向であると思われる。

　(3)　最後に、文書の物理的存在に関連して、取消訴訟における立証責任論に若干の問題提起をしてコメントを終える。

　　ア　文書の物理的存在についての最高裁判所の立場は、他の法分野における文書の存否についての認定においても取られている立場であり、文書

の物理的存在という客観的事実の認定の手法としては確立しているといってよい。

イ　しかしながら、情報公開訴訟において文書の物理的存在について存否が不明である状況を考えると、このような場合に客観的立証責任によって不開示決定を維持することにはいささか疑問がある。このような場合は、基本的には文書の不存在についての行政庁側の説明が不十分なのであるから、十分な根拠なしになされた不開示決定として（または、十分な理由付記を欠いた不開示決定として）取消判決を下し、その再度考慮機能に委ねることを検討すべきではなかろうか。

ウ　このように、取消訴訟の再度考慮機能を重視すれば、「いろいろやったがわからなかった」という客観的立証責任が問題になる場面の多くは、いったん取消判決を下して、行政庁の再度考慮（現実的には、より丁寧な再度の調査・理由付記等）に委ねるという方向はあってしかるべきなのではないかと考える。

コメント2

山田　洋

　(1)　行政事件訴訟とりわけ処分取消訴訟においても、各報告が述べるように、要件事実の立証責任の分配の在り方が、そこでの事実認定の審理を方向付ける羅針盤であることは、理論的には、理解できなくはない。しかし、当方は、はるか大昔に法学教育を受けており、実務修習どころか、司法試験自体も、学生時代に「記念受験」した経験があるに過ぎず、その後も、裁判実務に触れる機会を持たないまま、今日に至っている。

　こうした者から見れば、本シンポのテーマである行政事件訴訟における立証責任論は、いかにも理解が難しい、言い換えれば「ピンとこない」テーマと言わざるを得ず、練達の実務家による「匠の技」という印象を免れないというのが本音である。そうした意味では、ここで何らかのコメントを求められるのは、コーディネーターによるミスキャストというほかなく、そのご厚誼に甘えて、断れなかったというに過ぎない。

　(2)　とはいうものの、当方も、長年にわたって法学部において行政救済法の講義を担当しており、とりわけ、法科大学院の設立以後は、そこにおいても講義の担当を余儀なくされ、近年の退職まで継続してきた。そこでは、主催者のお名前にもある「要件事実教育」が基本的な「信仰箇条（クレド）」であり、行政事件訴訟の講義においても、それへの何らか対応の必要を感じることとなった。もっとも、それまでの学部の講義においても、当初は、テキストの記述に沿って、短時間でも訴訟物と立証責任の項も取り上げ、いわゆる法治主義説と公定力説の対比などについての簡単な説明を試みていたが、話す教員が理解できていないテーマを民事訴訟の立証責任（あるいは挙証責任）論もほとんど理解していない学生が理解できるはずもなく、いつのまにか講義項目から姿を消していっていたのが実情であった。おそらく、当方のみの経験ではなく、多くの行政法教員が共有する経験であろう。

　しかし、法科大学院の講義においては、先に述べた理念論は措くとしても、講義のバランスから考えても、本案審理の在り方については、相応に取り上げるのが自然と考えられよう。「処分性と原告適格しか論じない」とする行政法学ないし行政法講義に対する（それなりに的確な）揶揄に応えるためにも、本案審理の在り方、とりわけ訴訟理論の中核ともされる立証責任論は、講じられるべきテーマと言わざるを得ない。これも、当方のみならず、当時の多く教員が感じた「プレッシャー」であると思われる。

　(3)　ただ、もちろん、その実現は、容易ではない。その障害は、結局のところ、極めて短い限られた時間の中で、そもそも何を教えたらいいのかが見当もつかないということに尽きる。教えるべき内容の問題とそれに要する時間の問題は、もちろん相関するわけであるが、まず内容の観点から述べる。

　大前提として、本日の報告でも多く言及されているように、従来の教科書的な取消訴訟の立証責任論は、おそらく、要件事実論とは全くレベルを異にするものであって、そこから個別の要件事実の立証責任を演繹することなど、不可能であろう。したがって、これを法科大学院で講ずることは、あまり意味がないことになるが、敢えて言えば、要件事実論は、そこでいう個別具体説を前提としていると表現することもできよう。そうすると、そこでの立証責任は、根拠法たる個別の実体法の精緻な解釈によって決せられることになり、本日の各報告においても、いくつかの分野について、その「技」をご披露いただいた。もちろん、ある程度までの類型化は、可能かつ必要であろうが、結局は、情報公開法におけるように、個別法の条文の文言や趣旨の解釈が決め手ということになる。民法などと異なり、無数にある行政関係の個別法を前提として、こうした解釈の「技」を教えろと言われても、途方に暮れるほかない。

　同様のことを時間の観点から述べれば、要件事実の教育が上に述べたようなものであるとすれば、その「技」の伝授は、個別の事例を素材として、時間をかけて丁寧にするしかないことになる。民事訴訟の要件事実論についても、仄聞する限りではあるが、司法研修所においてはもちろん、法科大学院においても、民法や民事訴訟法についての相当の知識を前提としつつ、相応の時間をかけてなされているはずである。もちろん、法科大学院において、行政法とりわ

け行政事件訴訟の教育に充てられている時間は、極めて限定されている。さらに、遺憾ながら、法科大学院生の行政事件訴訟に関する基礎的知識は、極論すれば皆無に近い。学部において、行政法の単位を取得していない者（あるいは、取得しただけの者）が大多数である。したがって、乏しい講義時間の多くは、こうした制度に関する基本的な説明に充てざるを得ない。報告の中で訴訟要件を基礎付ける事実の立証責任への言及があったが、これを原告適格の理解ができていない学生に説明しても無意味なのは、言うまでもない。当初は、条文の趣旨が理解しやすく、結論も分かりやすいことから、情報公開法などを素材として、何がしかの講義を試みていたが、知識としての一般化には不向きで、結局、ここでも取消訴訟の立証責任の説明は、フィードアウトする結果となった。

（4）　試験の採点をする立場からは自明であるが、個別法に規定された処分要件を整理して、それに事例に示された事実を当てはめるという作業がそれなりにできる受験生は限られている。おそらく、要件事実教育の第一歩であろうし、品のない言い方をすれば、受験技術として必須であるが、おそらく、この訓練も十分にできていないのが実情ではないか。行政法における要件事実教育への途は、遠いと言わなければなるまい。

　もっとも、要件事実論自体が法科大学院等の教育に全く無縁であると言うつもりがないことも、もちろんである。各報告において、たびたび言及されていた評価的要件あるいは総合的な評価によるべき要件といった視点は、当方は十分に咀嚼できてはいないものの、そこで指摘されているように、実務的な立証責任論のみならず、裁量論そのものについて、従来とは異なった、（学生にとっても）より理解しやすい個別の根拠条文の文言に即した説明方法の創出への途を開くものと期待される。その意味で、高木報告には、強く共感するところである。その他にも、要件事実論的な発想は、行政法学や行政法教育において、さまざまな「気づき」をもたらす可能性を秘めているものとも考えられる。

（5）　以上、極めてハイレベルな各報告に対して、個人的な感想の域に止まり、全くコメントの体をなさないものとなってしまったが、主催者のお名前から考えて、こうした側面からの発言を試みさせていただいた。すでに法科大学院教

育から解放された立場ではあるが、「もう一つの現場の声」として、ご海容いただきたい。

要件事実論・事実認定論
関連文献

山﨑　敏彦

永井　洋士

要件事実論・事実認定論関連文献　2021年版

山﨑敏彦

永井洋士

　この文献一覧は、要件事実論・事実認定論を扱っている文献を、これまでと同様に、大きく、要件事実論に関するもの（Ⅰ）、事実認定論に関するもの（Ⅱ）（⑴民事、⑵刑事、⑶その他）に分けて、著者五十音順・発行順に整理したものである。収録対象は、ほぼ2020年末から2021年末までに公にされた文献である。関連文献の取捨・整理における誤り、重要文献の欠落など不都合がありはしないかをおそれるが、ご教示、ご叱正を賜りよりよきものにしてゆきたいと考える。

Ⅰ　要件事実論

新井　実喜男

　「現役職員が語る　実践・自治体法務のポイント（第19回）要件事実と立証責任」自治体法務研究65号99頁以下（2021年5月）

井桁　大介

　「憲法訴訟の醸成——実務と学説が導く可能性⑺　違憲審査基準の要件事実的考察」法律時報93巻11号111頁以下（2021年10月）

伊藤　滋夫

　「要件事実・事実認定論の根本的課題——その原点から将来まで（第32回）利子所得と配当所得——要件事実論の視点からみた所得税法」ビジネス法務21巻7号134頁以下（2021年7月）

伊藤　滋夫

　「要件事実・事実認定論の根本的課題——その原点から将来まで（第33回）事業所得・給与所得（付一不動産所得・山林所得・退職所得）——要件事実論の視点からみた所得税法」ビジネス法務21巻 9 号151頁以下（2021年 9 月）

伊藤　滋夫

　「要件事実・事実認定論の根本的課題——その原点から将来まで（第34回）事業所得・給与所得（付一不動産所得・山林所得・退職所得）②——要件事実論の視点からみた所得税法」ビジネス法務21巻11号147頁以下（2021年11月）

今井　和男

　「コメント 1 」田村伸子編『保険法と要件事実［法科大学院要件事実教育研究所報第19号]』116頁以下（日本評論社、2021年 3 月）

内田　義厚

　「要件事実学修入門——主張整理の方法とその考え方」Law & practice15号25頁以下（2021年 9 月）

大島　眞一

　『続 完全講義　民事裁判実務の基礎——要件事実・事実認定・演習問題』（民事法研究会、2021年 1 月）

太田　幸夫

　「基本通達と異なる評価方法による相続税課税処分と要件事実論」駿河台法学35巻 1 号 1 頁以下（2021年 9 月）

大庭　浩一郎・岩元　昭博

　「労働事件における要件事実の知識と実務（第 1 回）要件事実とは何か」ビジネスガイド58巻 9 号62頁以下（2021年 7 月）

大庭 浩一郎・佐々木 賢治

「労働事件における要件事実の知識と実務（第 2 回）普通解雇・整理解雇」
ビジネスガイド58巻11号92頁以下（2021年 8 月）

大庭 浩一郎・佐々木 賢治

「労働事件における要件事実の知識と実務（第 3 回）懲戒解雇」ビジネスガ
イド58巻12号92頁以下（2021年 9 月）

大庭 浩一郎・岩元 昭博

「労働事件における要件事実の知識と実務（第 4 回）雇止め・休職期間満了
による自動退職」ビジネスガイド58巻13号96頁以下（2021年10月）

大庭 浩一郎・岩元 昭博

「労働事件における要件事実の知識と実務（第 5 回）賃金・割増賃金（残業
代）・退職金支払請求」ビジネスガイド58巻15号89頁以下（2021年11月）

岡口 基一
『要件事実入門　紛争類型別編（第 2 版)』（創耕舎、2021年10月）

岡口 基一
『民事訴訟マニュアル　書式のポイントと実務 上（第 3 版)』（ぎょうせい、
2021年12月）

岡口 基一
『民事訴訟マニュアル　書式のポイントと実務 下（第 3 版)』（ぎょうせい、
2021年12月）

河村 浩
『行政事件における要件事実と訴訟実務──実務の正当化根拠を求めて』（中
央経済社、2021年 6 月）

古久根　章典

　「要件事実・ミニマムの原則 —— ａ＋ｂの原則」市民と法127号12頁以下
（2021年2月）

酒井　克彦

　『クローズアップ課税要件事実論（第5版)』（財経詳報社、2021年11月）

佐々木　賢治

　「労働事件における要件事実の知識と実務（最終回）安全配慮義務に基づく
損害賠償請求」ビジネスガイド58巻16号70頁以下（2021年12月）

司法研修所　編

　『紛争類型別の要件事実 —— 民事訴訟における攻撃防御の構造（3訂)』（法
曹会、2021年4月）

嶋寺　基

　「〔講演1〕保険法の下での告知義務違反による解除の要件事実」田村伸子編
『保険法と要件事実［法科大学院要件事実教育研究所報第19号]』6頁以下
（日本評論社、2021年3月）

嶋寺　基

　「〔講演1レジュメ〕保険法の下での告知義務違反による解除の要件事実」田
村伸子編『保険法と要件事実［法科大学院要件事実教育研究所報第19号]』
84頁以下（日本評論社、2021年3月）

園部　厚

　『簡裁民事訴訟事件要件事実マニュアル（第2版)』（民事法研究会、2021年6
月）

田中　俊久

140

「課税要件と証拠の論理——税務争訟における審判所・裁判所の考え方（第5回）要件事実と立証責任」税経通信76巻1号135頁以下（2021年1月）

谷口 智紀

「租税法における要件事実論と不確定概念——相続税法七条にいう『著しく低い価額の対価』の解釈を中心に」専修大学法学研究所紀要46号1頁以下（2021年2月）

田村 伸子 編

『保険法と要件事実［法科大学院要件事実教育研究所報第19号］』（日本評論社、2021年3月）

東京弁護士会法友会至誠会 編著

『債権法改正にみる要件事実——攻撃防御構造上の位置づけと論証例』（第一法規、2021年10月）

遠山 聡

「〔講演2〕請求権代位規定の要件事実——『てん補損害額』の意義と評価方法について」田村伸子編『保険法と要件事実［法科大学院要件事実教育研究所報第19号］』23頁以下（日本評論社、2021年3月）

遠山 聡

「〔講演2レジュメ〕請求権代位規定の要件事実——『てん補損害額』の意義と評価方法について」田村伸子編『保険法と要件事実［法科大学院要件事実教育研究所報第19号］』94頁以下（日本評論社、2021年3月）

得津 晶

「傷害保険の外来性と疾病免責条項の要件事実——判例法理の内在的理解の整理をめざして」生命保険論集213号49頁以下（2020年12月）

潘　阿憲

　「〔講演 3〕傷害保険の偶然性の要件事実」田村伸子編『保険法と要件事実
　［法科大学院要件事実教育研究所報第19号］』38頁以下（日本評論社、2021年
　3 月）

潘　阿憲

　「〔講演 3 レジュメ〕傷害保険の偶然性の要件事実」田村伸子編『保険法と要
　件事実［法科大学院要件事実教育研究所報第19号］』105頁以下（日本評論社、
　2021年 3 月）

山下　友信

　「コメント 2 」田村伸子編『保険法と要件事実［法科大学院要件事実教育研
　究所報第19号］』122頁以下（日本評論社、2021年 3 月）

II　事実認定論

⑴　民事

伊藤　滋夫

　「要件事実・事実認定論の根本的課題──その原点から将来まで（第31回）
　最近の事実認定論における若干の課題②」ビジネス法務21巻 3 号137頁以下
　（2021年 3 月）

加藤　新太郎

　「Legal Analysis（第57回）目撃者のいない痴漢被疑事件の事実認定と証拠
　（証人）の採否」NBL1185号93頁以下（2021年 1 月）

加藤　新太郎

　「Legal Analysis（第67回）建設アスベスト訴訟における建材現場到達事実
　の立証・事実認定に関する経験則違反・採証法則違反」NBL1205号101頁以
　下（2021年11月）

近藤　昌昭

　「民事事実認定の基本的構造と証明度について」判例タイムズ72巻 4 号 5 頁
　以下（2021年 4 月）

田中　豊

　『事実認定の考え方と実務（第 2 版）』（民事法研究会、2021年 3 月）

村田　渉　編著

　『事実認定体系――担保物権編』（第一法規、2021年 6 月）

山本　敬三

　「『契約の解釈』の意義と事実認定・法的評価の構造――債権法改正の反省を
　踏まえて」法曹時報73巻 4 号639頁以下（2021年 4 月）

　(2)　刑事

秋田　真志

　「刑事法分野『最高裁の事実認定判断をめぐって』（ミニ・シンポジウム　最
　高裁をめぐる法と政治（第 2 回））」法の科学52号148頁以下（2021年 9 月）

井下田　英樹

　「刑事事実認定重要事例研究ノート（第48回）自白と情況証拠等による認
　定」警察学論集74巻 1 号147頁以下（2021年 1 月）

大西　直樹

　「刑事事実認定重要事例研究ノート（第46回）前科証拠や類似事実による立
　証――被告人と犯人の同一性の立証を中心に」警察学論集73巻11号156頁以
　下（2020年11月）

門野　博

　『刑事裁判は生きている――刑事事実認定の現在地』（日本評論社、2021年 4

月）

葛野　尋之

「刑事手続における通信秘密の保護——弁護人の効果的援助の保障と正確な
事実認定」一橋法学20巻 3 号 1 頁以下（2021年11月）

近藤　和久

「刑事事実認定重要事例研究ノート（第47回）犯罪収益等に関する事実認
定」警察学論集73巻12号143頁以下（2020年12月）

成瀬　剛

「虐待による頭部外傷（AHT）事件の現状と課題——正確な事実認定を目指
して」研修876号 3 頁以下（2021年 6 月）

⑶　その他

片平　享介

「クロスボーダー取引——『IRAC』を基本に事実認定と当てはめを行う（特
集 税務調査における意見書作成 虎の巻——調査の機先を制するために）」
税務弘報69巻10号64頁以下（2021年10月）

河村　浩

「（書評）『事実認定の基礎—裁判官の事実判断の構造〔改訂版〕』」書斎の窓
673号20頁以下（2021年 1 月）

酒井　克彦

「所得税法の所得区分判定における事実認定上の視角——いわゆる日通課長
事件再考」中央ロー・ジャーナル18巻 2 号 3 頁以下（2021年 9 月）

田中　俊久

「課税要件と証拠の論理——税務争訟における審判所・裁判所の考え方（第

10回）審判所の職権調査による証言によって原処分が取り消された事例」税経通信76巻6号101頁以下（2021年6月）

田中　俊久

「課税要件と証拠の論理──税務争訟における審判所・裁判所の考え方（第12回）損害賠償請求権の益金算入時期が争われた事例」税経通信76巻8号108頁以下（2021年8月）

三浦　佑哉

「租税訴訟における事実認定」税経新報697号33頁以下（2021年3月）

安井　和彦

「課税要件と証拠の論理──税務争訟における審判所・裁判所の考え方（第6回）規範的課税要件認定の具体的な事例」税経通信76巻2号117頁以下（2021年2月）

安井　和彦

「課税要件と証拠の論理──税務争訟における審判所・裁判所の考え方（第7回）課税事件における裁判所の事実認定の実際」税経通信76巻3号103頁以下（2021年3月）

安井　和彦

「課税要件と証拠の論理──税務争訟における審判所・裁判所の考え方（第8回）相反する関係者の証言の信用性を評価して税務相談の際の状況を裁判所が認定した事例」税経通信76巻4号104頁以下（2021年4月）

安井　和彦

「課税要件と証拠の論理──税務争訟における審判所・裁判所の考え方（第9回）事実認定における自由心証主義の実際」税経通信76巻5号117頁以下（2021年5月）

安井　和彦

　「課税要件と証拠の論理——税務争訟における審判所・裁判所の考え方（第11回）審判所が立証責任は課税庁にあるとして課税処分を取り消した事例」税経通信76巻 7 号106頁以下（2021年 7 月）

渡邊　春己

　『反対尋問と事実認定 1 ——尋問の記録と解説』（花伝社、2021年12月）

田村伸子（たむら・のぶこ）

法科大学院要件事実教育研究所長・創価大学法科大学院教授・弁護士

1994年　創価大学法学部卒業

1996年　司法修習生（50期）

1998年　弁護士登録（東京弁護士会）

2004年　法科大学院要件事実教育研究所研究員

2007年　創価大学法科大学院講師、2019年～現在　創価大学法科大学院教授

2015年　中央大学大学院法学研究科博士後期課程修了（博士）

2020年　法科大学院要件事実教育研究所長

主要著作

伊藤滋夫編著『要件事実小辞典』（共著、青林書院、2011年）

保険法と要件事実〔法科大学院要件事実研究所報第19号〕（編、日本評論社、2021年）

行政訴訟と要件事実［法科大学院要件事実教育研究所報第20号］

2022年3月30日　第1版第1刷発行

編　者──田村伸子（法科大学院要件事実教育研究所長）

発行所──株式会社日本評論社

　　　　　〒170-8474 東京都豊島区南大塚3-12-4

　　　　　電話03-3987-8621（販売）　FAX03-3987-8590　振替　00100-3-16

印　刷──精文堂印刷

製　本──難波製本

Printed in Japan © TAMURA Nobuko　装幀／図工ファイブ

ISBN 978-4-535-52648-8